學術論文集叢書

屏東縣地方學的多層次建構與協作

2023年第三屆屏東學學術研討會論文集

李錦旭　主編

校長序
共同建構一片溫暖的樂土──屏東

　　屏東，這一片富饒的土地，在先人們的拓墾努力下，萬千年來孕育出多元具有深度的地景、多元的文化以及會黏人的情感。

　　國立屏東大學是一所以屏東在地為名的綜合大學，當然必須擔負起對屏東地區研究的責任與義務，因而「屏東學、學屏東」成為全校學術與課程發展重要主軸，在全校師生與來自全國各地方學專家學者共同努力與建構下，「屏東學」逐步成為地方研究推動的顯學之一，如今「屏東學」也成為屏東大學同學們的必修學分，屏東大學師生們可以透過傳統授課、研討會、實地踏查、文獻討論、社區實作……等多元不同的角度來認識屏東。

　　大學存在的一項重要的目的，就是必須做為知識積累的平台，透過學術研究、研討會以及各項的知識彙整，建構出學門與研究典範，進而將知識向下傳遞、向外擴散，從而豐富學術與成就智慧。本論文集集結七篇不同的研究取徑與視角，於第三屆屏東學學術研討會中獲得極大的迴響與討論，我們期待透過論文集的彙整，能夠讓各篇精彩的研究得以擴散出更多的漣漪，產生更多的共鳴。

　　期待未來屏東學以及地方學有著更精采的新發想。

陳永森

國立屏東大學校長

2023年12月

院長序
地方之愛與地方探究：
屏東學及地方學的感性與理性

在這次「2023年第三屆屏東學學術研討會：屏東縣地方學的多層次建構與協作學術研討會」所出版論文集中，我們聯想到了法國哲學家加斯巴舍勒（Gaston Bachelard）在其《空間詩學》（*La poétique de l'espace*）所提出的「**地方之愛**」（topophilia）和「**地方分析**」（topoanalysis）這兩個概念（我用「**地方探究**」來取代「地方分析」）。這兩個概念為我們提供了一種獨特的視角，來理解這次研討會的意義和重要性。

「**地方之愛**」是指對某個地方深厚的情感和依戀，這種情感源於我們與特定地方的連結和體驗。而「**地方探究**」則是對地方的深入探討和研究，它關注於理解地方的多重意義、歷史和文化。這兩個概念共同體現了對地方多層次的認識和情感的結合。段義孚也提過同樣的「Topophilia」，一般中譯為「**戀地情結**」；這種情結是由地方的自然特徵、文化背景、以及個人與該地方的經歷和記憶共同塑造的。（Topophilia 是來自希臘文「topos」（地方）和「philia」（愛），因此不論譯為「地方之愛」或「戀地情結」，都指涉了對於地方的情感。）

「**地方之愛**」和「**地方探究**」這兩個概念之間存在著緊密而互補的關聯。這兩者共同構成了我們關懷和理論某個特定地方的完整圖景：「**地方之愛**」通常源於對某個地方的深厚情感連結；而「**地方探究**」則是對這種情感連結背後的深層理解。

這兩者的結合是一種感性與理性的結合：「**地方之愛**」更多的是一種感性的體驗，涉及個人對地方的情感和美學的評價。相反，「**地方分析**」則是一種理性的探索，它要求我們運用學術和研究的方法來客觀地分析和理解地

方。這兩者的結合使我們能夠從感性和理性的角度全面理解一個地方。

此外，澳洲地方哲學的大師馬帕斯（Jeff Malpas）在其著作《地方與經驗：一個哲學的地形學》（*Place and Experience: A Philosophical Topography*）中認為：我們的經驗是由「地方」的結構所決定和形塑的。這一理論強調了「地方」不僅是物理空間的概念，更是一種「先驗」的結構，影響著我們的認知、感知和行為。根據馬帕斯的理論，「地方」是經驗的根本基礎，是個體與世界互動的核心場域。

如果我們將以上理論與這次屏東學學術研討會的論文集相連結，可以發現一個明顯的共鳴：

首先，就巴舍勒方面來說，本次研討會所收錄的論文，從多個學術領域探討屏東（及其他「地方」）的各個方面，正是實踐了「地方之愛」和「地方探究」。透過這些論文，我們不僅能夠看到作者對屏東（及其他「地方」）的深厚情感，更能感受到他們對於屏東（及其他「地方」）的深入了解和認識。

其次，就馬帕斯來說，這些論文展現了屏東（及其他「地方」）作為一個「地方」如何形塑了個人的經驗、文化、教育和社會發展。這些研究深入探討了「地方」的多元面貌，從而揭示了「地方」如何影響和塑造了居民的生活經驗和社會互動。「屏東」（和其他「地方」）不僅是論文作者們研究的對象，更是一個活生生的「地方」，其獨特的地理、文化、歷史和社會結構深刻影響著居民和學者的經驗和認識。

作為屏東大學的推動「屏東學」教學和研究的一份子，我個人深感榮幸能夠參與這樣一個具有深遠意義的學術交流。我們期待這次研討會及其論文集所帶來的思想火花能夠激勵更多對屏東有情感與認識的人，共同推動屏東學（乃至地方學）的學術研究和實踐應用。

賀瑞麟

國立屏東大學人文社會學院院長

2023年11月16日

主編序
縣市地方學的多層次建構與協作

　　各縣市地方學的實質內容，依地理空間大小可分成縣市級（如：縣市志）、鄉鎮市級（如：鄉鎮市志），以及村庄級（如：庄志、部落志、村志、社區志）；依推動單位則可分成學校單位（小學、中學、社區大學，由教育局處主管）以及社會教育單位（圖書館、地方文化館等，由文化局處主管）。另外，在地大學由於學術人才最為齊全，是創造地方學的重要學術單位。因此，一個縣市的地方學如想成為該縣市的品牌或符號，需要縣市內上下左右各個層級的分工、銜接與合作，才能形成完整的地方學有機體系。

　　基於上述認識，國立屏東大學人文社會學院主辦的2023年第三屆屏東學學術研討會，即以「屏東縣地方學的多層次建構與協作」為題。本屆大會除邀請屏東縣教育處長、文化處長、中學教師和小學校長，舉行「屏東縣地方學的多層次建構與協作」座談會，也邀集縣內屏東大學、屏東科技大學、美和科技大學和大仁科技大學四所公私立大學的教授，將各校所推動的大學社會責任或地方學計畫成果撰寫成為論文來發表、相互切磋。大會很榮幸，邀請到本校傑出校友黃政傑教授（靜宜大學終身榮譽教授、國立暨南國際大學榮譽講座教授，台灣教育研究院社社長）擔任主題演講者，生色許多。

　　本研討會論文集就是2023年第三屆屏東學學術研討會的部分成果，共收錄七篇文章。臺灣的地方學從小學鄉土教學開始，然後延伸到中學，大學最後才加入地方學的推動行列。本論文集的排列順序從中小學到大學，就是遵循這樣的地方學發展軌跡。比較可惜的是，教育處長和文化處長公忙，未能將座談簡報發展成完整的文章，也有兩篇大學教授的論文因作者另有考慮而未能收錄（詳見書末「議程表」）。這也剛好見證了縣市地方學的建構與協作是一項需要永續推動的事業。

最後，作為本研討會構想的發想者和論文集主編，除了要感謝作者、特約討論人和主持人以外，也要感謝本校人社院前院長簡光明、前副院長林秀蓉和現任院長賀瑞麟三位教授鼎力支持，以及院辦前後任組員林欣眉和郭佩蓉大力協助，這本論文集有大家的通力合作才能出版。感恩！

李錦旭

2023年10月23日

國立屏東大學社會發展學系

目次

談地方學的創新發展

黃政傑[*]

　　各位關心地方學發展的夥伴先進，大家好。今天很榮幸應邀來報告「地方學創新發展」這個題目。主辦單位聯絡我的時間比較早，因而有較長的時間準備，得以閱讀國內地方學學者專家的大作，也得以蒐尋相關組織推動地方學的成果，個人收穫良多，至為感謝。這個題目很重要，地方學的創新有賴大學參與推動，剛剛在路上跟接我的李錦旭老師聊天，知道屏東大學在屏東學的探究上，非常積極用心，值得肯定。

　　今天的報告有幾個重點，先談地方和地方學，其次談地方學的探究和發展，再分析由地方志書結合區域研究導向地方學的努力，第四分析地方學推動成果及特色，第五討論教育政策和實務對地方學發展的影響，第六檢討現存問題及展望未來，分析地方學多層次多面向建構的初步構想，並作成結語。簡報內容頁數很多，受限於時間，有一些會跳過去，請大家自行參閱。

一　地方與地方學

　　過去有一段很長的時間，社會上許多人常忽略地方的重要性，對於地方的事事物物不去研究；而少數地方探究成果，不受社會重視，當然也不會納入學校課程之中教給學生。但是地方是每個人立基的根本，沒有地方就不會有家園，更不會有國家和世界。不深究地方，做起事來猶如盲人騎瞎馬，極

* 靜宜大學終身榮譽教授、國立暨南國際大學榮譽講座教授、臺灣教育研究院社社長。

其危險。我們重視地方，對地方加以探究，就會產生地方知能，可以用來決策、治理、選舉、教育、裁判、休閒、改革及國際交流等。古代，做官的人要看地志，了解風土民情；現代出國留學的人，也要先了解留學地的一切，備足功課才能順利。記得我到美國留學前就讀過《趙寧留美記》這本書，並仔細研讀留學的大學及所在地的重要資料；我到臺南當校長，也先研究臺南市、臺南縣的歷史、文化等，對學校的校史和狀況更深入探討。

地方就字義來講，根據《重編國語辭典修訂本》的解釋，有五種意思（https://dict.revised.moe.edu.tw/dictView.jsp?ID=45200&la=0&powerMode=0）。第一是指區域、地區，例如《韓非子・五蠹》：「古者，文王處豐、鎬之間，地方百里，行仁義而懷西戎，遂王天下。」第二是指本地、當地，例如《文明小史》第二九回：「只是海疆盜賊橫行，地方不得安靜，倒是一椿可慮的事。」第三是指對國家或中央政府而言，如：「地方官」、「地方稅」。第四是處所，例如，《文明小史》第一七回：「……到了一個地方，有一個大城門洞子似的。」最後是指某部分，例如：「你的構想不錯，但有些地方值得再商議。」從最後一個解釋加以延伸，地方也可以指位置、部位，例如這個地方要修補一下。地方也指全世界、地球、各大洲、各國、各州的探究，例如世界人口志、亞洲鐵道志、西歐志、各國領海志、山東文化志等。

雖然地方有那麼多意義，但臺灣近幾十年對地方的探究，大都著眼於國家或中央政府之相對。根據地方制度法第三條，我們可以知道，地方劃分為省、直轄市；省劃分為縣、市〔以下稱縣（市）〕；縣劃分為鄉、鎮、縣轄市〔以下稱鄉（鎮、市）〕；直轄市及市均劃分為區；鄉以內之編組為村；鎮、縣轄市及區以內之編組為里，村、里〔以下稱村（里）〕以內之編組為鄰。

由地方的界定，進到對地方的探究，後來國內就產生地方學的概念與領域；地方學的探究與發展，參與者越來越多，越來越多人加入實踐。根據前述分析，地方學可以界定為探究地方的學問，建構關於地方人文、社會和自然的知識、能力、情感，增進全民對地方的理解，促進地方運行、改造和進步。國內地方學常以地方行政區劃為主軸，但基於地方之定義多元，看到地方學探究的資料，要先了解其對地方的定義才不致有所誤解。

二　地方學的探究與發展

　　有哪些因素影響地方學的探究與發展呢？首先要談的是地方志（或稱志書，地方志有時簡稱地志）的傳統。地方志撰寫或編輯是地方政府或學者專家都會投入的工作，已經累積很多成果。地方志可依空間、內容、時間、作者分。地方志按空間可分為行政區域志（國、省、自治區、直轄市、縣市、村里）和非行政區域志（江、海、山、洲、南極、西歐、北美、北非、西亞、遠東）。按內容分為綜合性志書（政、經、社、文、德、習、教、自然）和主題性志書（中國戲曲、世界人口、西歐教育、文化志、山嶽志、產業志、風俗志、河水志等）。按時間分，為通志（起始到截止）和斷代志（某時期或歷史階段）。按編者分，有機關（也可再細分層級）及私人。就臺灣的地方志編纂而言，政府遷臺後原依《地方志書纂修辦法》由臺灣省及各縣市文獻會負責，在2001年廢止該辦法後，改由各縣市文化局負責，臺灣省文獻會也於2002改為國史館臺灣文獻館。延續歷史經驗，地方志之撰寫成為各主管機關必須定期完成的任務。

　　第二個重要影響因素是社區總體營造的推動。1994年文建會提出「社區總體營造」的概念並推動數項補助計畫，臺灣的社區協力政策由文建會擴展到其他中央部會，如環保署的「生活環境改造計畫」、經濟部的「創造形象商圈計畫」；2002年甚至整合為「新故鄉營造計畫」，作為「挑戰2008──國家發展重點計畫」的重要項目。值得注意的是，這項工作著眼於社區改造，關注社會促進，促進社會朝向更美好的方向去改變，由於有相關經費贊助，又有許多部會參與，改造的面向相當寬廣，各個社區莫不全力撰寫計畫申請，從而衍生地方意識、理解、關懷、研究和改革行動。常被提到的實例有：宜蘭的臺灣區運動會、全國文藝季、一鄉一特色（蔥蒜節、鯖魚節等）、以社造方式辦節慶、「全國社區總體營造國際博覽會」、以社造理念進行校園改建；淡水鎮社區營造2004年馬偕醫院承辦淡水社區健康營造計畫，以臺北縣淡水鎮竹圍地區為主要試辦地區，以後再逐漸擴及淡水鎮其他鄉里。

　　第三個重要影響因素是地方自治權擴增。地方制度法1999年公布後

（2022年修正）。依地方制度法第14條之規定，直轄市、縣（市）、鄉（鎮、市）為地方自治團體，依該法辦理自治事項，並執行上級政府委辦事項。同法第二條規定，地方自治團體是指依本法實施地方自治，具公法人地位之團體；自治事項是指地方自治團體依憲法或本法規定，得自為立法並執行，或法律規定應由該團體辦理之事務，而負其政策規劃及行政執行責任之事項。

地方制度法公布後地方權限大增，自治事項十分多元，以縣（市）為例，包含組織及行政管理、財政、社會服務、教育文化及體育、勞工行政、都市計畫及營建、經濟服務、水利、衛生及環境保護、交通及觀光、公共安全、事業之經營及管理、其他依法律賦予之事項，共十三大項。由於地方自治團體首長需要選舉，選前提政見，選後秀政績，也會相互比較，莫不卯足全力推動政務，地方志的撰寫也成為地方的重要任務。

地方制度法強化地方自主性，以往由中央管的地方志書，地方當然會介入，以主管的地方為範圍，編輯地方志、文獻叢書、縣史等。地方政府的投入很多，舉例而言，像文化局文獻會部分，有臺北文獻、高雄文獻；文化局部分有臺南文化局的南瀛研究資料庫、南瀛文化叢書。花蓮縣政府文化局、高雄市政府研究發展考核委員會、宜蘭縣史館、蘭陽博物館、南瀛國際人文研究中心、苗栗學研究中心等，也都主導地方志書相關文獻的編輯。

第四個重要影響因素是民間團體的參與。最主要的是基金會及社團法人關心地方學的探究，比較知名的有：北投文化基金會、東臺灣研究會、臺灣地方學研究發展協會、中華民國社區營造協會、雲林縣社區希望聯盟、中華飲食文化基金會、臺灣電影文化協會、陳中和基金會，另外還有全興、頂新、帝寶等文教基金會，及晨星出版社、陳中和翁慈善基金會、高雄市地理學會，也都很投入。

第五個重要影響因素是社區大學（簡稱社大）的投入。社區大學是在社區營造政策下應運而生的。理念是由縣市政府主辦，並由對地方經營熟悉的在地團體或大專院校經營。強調透過居民共學，達到專業知識學習與推動社會發展的目的，並促進地區人士凝聚成為生活共同體。1998年成立的「文山社區大學」，是全臺灣第一所社區大學；2015年統計全台社區大學已有82

所，在不同縣市成立，學員人數達37萬人。社區大學發展條例於2018年6月13日施行，更有助於社大發展。社大在地方學的探究上主要在地方知能的教學和研討，以社區人文自然題材為教學內容，落實地方知識作為主體，探究地方知識與社會變遷，開設地方學專題講座，例如屏東歷史、產業與人文、六堆客家文化等，比較知名的有北投社大、屏北社大、基隆社大、臺南社大、高雄第一社大、嘉義市社大、宜蘭社大等。

最後一個重要影響因素是大學的參與。有的大學接受政府委託撰寫地方志，有的進行地方學相關研究，有的協助出版刊物和專書，有的舉辦地方學學術研討會，參與的大學愈來愈多。比較知名的有淡江大學、國立彰化師範大學、高雄市立空中大學、國立嘉義大學、國立屏東大學、國立聯合大學、國立臺中教育大學、國立中興大學、國立雲林科大；參與的院系也愈來愈多元，例如，歷史系、地理系、中文系、臺文系、美術系、音樂系、建築系、文化資產維護系、客家研究學院、通識教育中心等。值得特別一提的是臺灣語言、文化系所的成立，對於地方學及臺灣學的研究和人才培育，有相當程度的貢獻，可惜的是後來因招生困難，部分系所陸續關門或減招。

三　由地方志書撰寫導向區域研究及地方學

在臺灣，地方的探究主要發展脈絡是由地方志及區域研究開始，最後才發展出地方學的概念，把地方知能的探討當成一門學問。如前所述，原來地方志的撰寫係由中央及臺灣省級控管，後來政治解嚴，社會力量奔放，地方自治與自主受到重視，全臺各地紛紛以直轄市和縣市為本位，進行地方探究，定期出版地方志及地方文獻。早期看到的地方志主要是臺灣府志、臺灣省志或臺灣全志，後來也有澎湖縣志、嘉義縣志、臺南縣志、花蓮縣志陸續出現，由縣以下發展到鄉鎮，而有鳳山縣志、伸港鄉志、岡山鎮志、滿州鄉志、枋山鄉志等。甚至連大家一起來寫村史的活動都出現了。在地方志發展過程中，也有區域研究的社團或研究計畫出現，進行跨縣市研究，像是濁水溪流域、高屏溪流域、蘭陽溪生命史、南臺灣社會、水沙連學（埔霧）、濁

大、竹塹等研究,這些研究以區域為單位,進行選定主題之研究,超越行政區的範圍和狹隘,具有整合功能。

由這個趨勢看來,地方志自直轄市或縣市向下延伸到鄉鎮區,再由鄉鎮區志延伸到村庄和里社,而至直轄市和縣市之間的跨域探究,最後出現地方學的概念,又可向上發展臺灣整體的探究,產生臺灣學的概念。這樣由臺灣整體到各個地方最基層的地方志,變成一個垂直的地方志書寫體系。當地方志是由上位者規劃書寫時,其所擬的時空和內容範圍界定了各下位地方單位的探究,下位者被動提供上位者需要的資料,再由上位者彙整完成地方志。當地方下位者能自治自主的時候,它可以自行訂定地方志撰寫計畫,自行編列預算執行。而當個人有能力、有資源可以進行地方志的撰寫時,便會出現村民寫村史,里民寫里史這樣的結果。不過地方自主撰寫地方志仍需要相互溝通及統合,以利於整合之需求和效能,但應通兼容基本共通和特殊特色兩大架構與重點。

地方志和區域研究發展過程中,地方有權力、有經費、有人才可以探究地方各自的事事物物,包含歷史、文化、區域、物產、人口、社會、交通、教育、觀光等面向,這個探究在地方發展上十分重要,除了一般文史工作者、民間社團和社大教師在做外,各大學加入陣容,把地方探究視為學術探究的一環,這時地方探究也順理成章地成為地方學了。這是我們可以看到臺灣各地陸續出現屏東學、南瀛學、宜蘭學、宜蘭學、澎湖學、臺北學、高雄學、花蓮學、臺東學這樣的名詞。地方學出現並不只代表名稱改變,大家都升級到「學」的位階,展現沾到學術的尊榮,而是要有實質意義地運用學術探究方法,建立有系統、有價值的學術內容。

以濁大計畫(1972-76)來看,以考古學與民族學為主,總計畫之下包括七個學科:考古、民族、地質、地形、動物、植物、土壤,是紮實的科際整合研究。該計畫主要目標是濁水溪、大肚溪流域古今居民的歷史及其與自然環境的關係,合作研究的單位包含中央研究院歷史語言研究所、國立臺灣大學和耶魯大學。這個計畫彰顯了國內外教研機構、自然科學和人文社會學科研究的整合,並對古今人地關係發展的深入,了解其所具有的意義和價值。

國民中學階段本土語文／臺灣手語列為七、八年級之部定課程，每週一節課，學生選擇其中一項語別進行學習，並由學校調查學生實際需求與意願開課。〔見頁12，2之（1）之①之D〕
普高階段，本土語文／臺灣手語納入部定必修科目2學分，學校得在符合校訂科目、團體活動時間及彈性學習時間之學分／節數合計範圍內進行調整。惟三年總上課節數不得超過210節。〔見頁18，2之（1）之①之D〕

由教育部的課程政策可見，地方知能包含鄉土或本土文化及語言或語文，自1998年起已陸續在國中小推動，由少數科目之教學變成各領域科目融入，本土語文單獨設科教學，2022學年起並由小學必修改變成國中和高中都必修。教育政策推行很快，但相關配套的支持並不容易，本土語文師資培育因陋就簡，老師不知道教什麼，也不知道怎麼教，各領域地方內容的教學缺乏研究成果及相關教材可用，成為一大問題。個人曾擔任1990年國中國小課程標準修訂委員，見證當時教育被社會各界趕鴨子上架的情況，出現鄉土教育教學科目師資培訓不足，缺乏教材可用的窘境。我在1990年11月起接受臺灣師大校長之聘，開創教育研究中心，不久接了臺灣省國教輔導團「學習與成長」教學影片製作，對於鄉土教學、原住民歌唱教學、臺灣民謠教唱、歌仔戲教學、布袋戲教學、皮偶戲教學、民俗體育運動等鄉土主題著力甚深，邀請學有所長的專家指導，影片製作完成後在台視頻道播出，給國中小教師及師培機構參考使用。

（二）高教政策

中小學積極推動鄉土或本土教育，大學不動起來的話，實際的效果仍然大打折扣。大學是教育的火車頭，負責高級人才及師資培育，也要把地方知能納入範圍進行研究，中小學教育才能參考研究成果，進行教材編製及師資培育。大學進行地方探究及教學，很重要的是臺灣文化和語言相關系所的成

立。1997年2月，真理大學首開先例，成立臺灣文學系，同年，後來併入清華大學的新竹師院同年成立臺灣語言研究與教學研究所；之後在2000年至2005年間，有十多所大學陸續成立臺灣文學、文化相關系所。已退場的真理大學臺文系、中山醫大臺語系不計，共有7所大學設立學士班，有13所大學成立碩士班，6所大學成立博士班（參見https://zh.wikipedia.org/zh-tw/%E5%8F%B0%E7%81%A3%E8%AA%9E%E6%96%87%E5%AD%B8%E7%B3%BB。）這些系所培育了臺灣語言文化的學士、碩士和博士人才，其中有一部分也重視傳播、文資、教學、人文創新、創意應用、跨國文化等領域的結合，對於臺灣地方學探究及科際整合研究和實踐，年年提供生力軍。

然而更重要的是重大高教政策計畫的推動，由一開始的五年五百億世界百大計畫、頂大計畫、典範科大計畫和教學卓越計畫，進到高教深耕計畫第一期（2018-2022）完成及現行的第二期（2023-2027），把高教發展方向由教學和研究卓越推進到服務卓越（https://www.edu.tw/News_Content.aspx?n=D33B55D537402BAA&s=333F49BA4480CC5B）。第二期的高教深耕計畫延續第一期架構，以兩大部分進行推動，第一部分是「全面性提升大專校院品質及促進高教多元發展」及第二部分是「協助大學追求國際一流地位及發展研究中心」。第一部分包含主冊、主冊專章（國際化之行政支持系統、資安強化）、附冊（落實大學社會責任實踐計畫）、附錄一（提升高教公共性：完善就學協助機制）與附錄二（提升高教公共性：透過原住民族學生資源中心輔導原住民學生成效）。第二部分包括全校型計畫、特色領域研究中心計畫。

第一期，學校依據特色規劃主冊計畫，包括校級計畫願景與目標，各面向應基於發展學校特色提出具體策略；第二期調整為教學創新精進、提升高教公共性、善盡社會責任、產學合作連結四大面向，並強調培養學生關鍵能力以面對未來世界。這四大面向都跟地方學的探究有關，例如教學創新強調社會參與能力和問題解決能力，需要就學校所在地開始做，再導向更寬廣的世界。再如提升高教公共性，著眼於提供積極性的公平受教機會與資源，促進社會流動，也要著眼於在地學生的照顧。更明確與地方學有關的是善盡社會責任和產學合作連結，大學仍然要在以所在社區及地方為主要場域，再延

伸到其他縣市、全國或全世界。這在落實大學社會責任實踐計畫的附冊中說得很清楚：大專校院以人為本，從在地需求出發，結合人文關懷與科技導入，協助解決區域問題，善盡社會責任。

由於重大高教政策的計畫經費龐大，各大專只要積極用心地以學校為本位進行規劃去申請，都可以得到一筆很大的經費；在學費不易調整、其他經費來源有限狀況下，高教深耕計畫經費是相當可靠的辦學資源。就這樣，大專和地方的合作，包含教學實踐、產學連結和人才培育都會以在地的地方探究和在地實踐為焦點，由此出發，再引伸到全國及國際的方向前進。由地方學的角度來看，大專變成地方探究的優良夥伴，大專有學生、有教師，需要教學和研究，又需要在地連結，現在大專又有經費可以做這些事，可以成為各個探究地方學的組織的好夥伴。

六　問題與展望：兼談地方學多層次及多面向建構與協作

談到這裡，可見地方學探究絕不可脫離教育，地方學不只依賴教師教導學生去學習及傳承地方知能，還要教導學生去地方社會從事改造的創新與實踐。中小學教師需要學習地方知能才能勝任其教學任務，負責師資培育的大學教師，更不可忽略地方學的探究和教學。再就中小學教師來看，他們若行有餘力，也是很好的地方學探究人才。2021年教育統計顯示（https://stats.moe.gov.tw/statedu/chart.aspx?pvalue=23），中小學教師具有碩博士學位者，國小62.3%，國中67%，高中67.7%，這麼高比例寫過碩博士論文的教師，若能進一步研究地方學，對地方知能探究必然會產生很大的貢獻。就大學階段來講，與大學合作推進地方學探究更為重要。如前所述，大學社會責任的推動，開始促進大學發揮對地方和產業的責任；地方學探究已經從傳統文史人才寫地方志，經由臺灣語言文化系所教學研究、培養人才，邁向各大學各系所都可以進行地方學探究的地步。學術研究及教學實踐需要邁向在地化，再邁向在地全球化、全球在地化的目標，已經不單是個口號。

　　地方學探究加強與教育結合之外，加上地方政府重視地方學，民間團體和社大等機構投入地方學的教學與研究，展望未來，臺灣地方學探究蓬勃發展的前景可期。不過，在地方學推動的方向上仍有幾個地方值得特別重視。第一是地方學探究的系統、整合、合作及分享，有待強化，各行其是和各自努力的作風需要有所調整；強調系統之間的合作和整合有助於看到整體，增進效能。第二是解題、應用、實踐及發展的功能需要加強。地方學不是只在保存地方知能，也要把地方知能加以應用，去解決問題，去實踐，促進地方發展。第三是批判反省、改進和創新，地方學很重要的功能是社會改造，而不只是停留在社會傳承，有一度我們很重視社會改造的功能，可惜人亡政息。不論時代如何變化，社會都會出現需要改造之處，忽略這一點，社會就會落後而與時代格格不入。

　　這次研討會，屏東大學在規劃時提出多層次地方學建構與協作的主張，基於前述分析，我建議加上多面向三個字，變成地方學多層次及多面向建構與協作，可以適用於屏東縣及其他地方。各直轄市和縣市在建構地方學時，希望能顧及所屬鄉鎮市區級和村里之地方學探究，同時能與其他地方行政區進行有意義的整合，並向上發展出整體的臺灣學。在地方學探究上要顧及地方生活各個面向，這在地方自治的範圍中可以找得到，並依地方發展方向和特色進行必要的整合，以免過度分散而流於瑣碎。

　　地方學多層次多面向建構機制需考量的問題很多。以縣市為例，其犖犖大者，先要檢討地方學既有建構機制和內涵，進而規劃系統化的建構機制和內涵，再將建構體系分成縣、鄉鎮市、村庄三個層級，確認建構內涵、人員、方法及時地範圍。接著要安排期程控管及檢討改進，建立各層級支持和協作系統，最後要考量理想性、可行性和可用資源，進行必要的調整。在地方學推動過程中，有幾個課題在這次報告的最後要提出來。首先是整合組織、人才、經費，促進地方學永續創新發展，其次是重視地方文化、社會、環境知能的維護、改造、傳播與運用，最後是發展適合產業，吸引畢業生在地工作與地方共同生活學習，促進地方社會發展。

　　因為時間的關係，今天的演講就到此為止，敬請指教，謝謝聆聽，祝福大家順心如意。

青銀共創：地方學習社群的建構

利天龍[*]、張哲維[**]

摘　要

　　108課綱實施後，國中九年級下學期的社會領域課程，有一半的單元介紹臺灣鄉鎮與聚落地名。有學生學習後驚嘆：「這不是我認識的臺灣！」國中生只知道火車會停靠的少數站名。對於數量較多、層級較低的小地名所知有限。家鄉地名的探究，是青少年進入地方學領域的良好切入點。

　　順應課綱變革，屏東縣立大同高中「下淡水溪畔的教學旅行團隊」發展「塔加里揚的吟遊詩人」跨領域課程方案，援引學習共同體哲學，透過協同學習，讓學生認識屏東的重大歷史事件、族群祭儀與文化、產業，並運用資訊工具協作，創作出許多充滿想像力的，屬於屏東在地的超時空旅行方案。除了七年級到九年級每周一堂的室內課程，還有假日的青年營隊，讓學生走出校外，培養地方感與問題意識。

　　高中生在籌備鄉土營隊或田野間發掘的問題，能夠帶回學校進行探究，累積地方知識，成為善的循環。與文史社團的興趣取徑不同，高中生適合「小題大作」，透過引導與培養，針對地方文史社團關注的議題進行探究，累積自主學習成果，並為地方學奠基。

　　在地方學習而受到啟蒙的青年，假以時日可成為地方學的即戰力。透過記錄地方口碑轉化為繪本、複製鄉土營隊經驗、返鄉舉辦共讀講座、青年壯

* 屏東縣立大同高中教師。
** 屏東大學體育系研究生。

遊體驗等方式，為地方學的實踐貢獻心力，樣態多元、成果亮眼。掌握地方知識與資源的教育工作者，透過學習社群的建構與維繫，與青年聯手共創，不難發掘深耕地方之愛。

關鍵詞：地方、屏東、校訂課程、鄉土教學、青銀共創

一　前言

　　1980年代，講求升學率、成績與填鴨式教育的風氣讓日本學生失去對學校與班級的歸屬感。東京大學的教授佐藤學提出以「學習共同體」（learning community）為目標的教育改革。不論能力，透過大家共同學習討論，都能獲得成長。

　　縣立大同高中的教師社群，不僅對在地知識感到興趣，也嘗試蒐集在地素材加以組織，發展成校訂課程方案。此方案在國中端之實踐，援引學習共同體的哲學，師生之間，除了課堂中的學習討論，也有市區小旅行的田野實踐。

　　在高中端，則透過混齡模式，讓畢業後的學長姐擔任顧問，輔導高中生規劃執行在地的青年營隊。以在地跨域為核心，戶外學習為中介，師生之間構築地方學習社群，維持良好互動。跨世代的教育社群網絡，逐年發掘、相互探究並累積地方實踐的成果。

　　透過校訂課程的實施、走讀體驗、青年營隊及青年壯遊體驗等方式，培養年輕世代的歸屬感和地方感，擴大地方學的潛在消費人口。

二　中學教育與地方學的鏈結

　　學校教育的普遍性知識，被認為是地方逐漸弱化或消失的因素之一。[1]然而，108課綱的實施，在教學時數上給予地方知識發展的空間。藉由課堂的實踐，中小學有融入並傳承在地知識的舞台。2018年教育部發布「國民中小學辦理戶外教育實施原則」，基於擴充學生知識領域、增加學習體驗、整合學習效果、深化認識臺灣等目的，規定學校辦理戶外教育，以每學期至少辦理一次為原則，實務上也有助於在地知識、技能與情感的培養。

---

[1]　林崇熙，〈如何在地〉，收於李錦旭主編，《大學地方學的形塑與發展：從發展史到認識論──2021年第二屆屏東學學術研討會論文集》，頁442，臺北市：萬卷樓圖書公司，2022。

（一）透過鄉土地名學習在地知識

　　現行國中九年級下學期的社會領域課程，有二個單元介紹臺灣鄉鎮與聚落地名。有學生學習後驚嘆：「這不是我認識的臺灣！」國中生只知道火車會停靠的少數站名；對於數量較多、層級較低的小地名所知有限。儘管教科書的內容主要是普遍性的知識，但實務上，中學教師仍有融入在地知識的教學空間。家鄉地名的探究，是青少年進入地方學領域的良好切入點。

　　在普遍性知識的課堂上，融入在地元素，讓學生透過地名資訊服務網檢索地名，以十二生肖為中介，連結在地的地名。（圖1、表1）有些地名表面上與生肖動物有關，實則是福佬語的諧音或原住民語的漢譯，例如鬥馬羅山，原意是「摸無路」，而山豬毛則跟山豬無關，是源自排灣語Timor，原意可能是「我們的地方」。至於屏東舊地名的探討，不僅可以抵抗出現在屏東橋梁、公園的猴子圖像，還可學習地名之雅化（由阿猴到阿緱）與改名（阿緱到屏東）。

　　另一方面，許多鄉土地名之由來，長期存在穿鑿附會的說法，仍待教師洞察和教學現場之釐清。例如：加祿的舊名頗多，加祿堂、加六堂等……。其中一說：「當地附近有一個住滿猴子的山洞，所以閩南人稱呼此地『猴子洞』，之後才改名為加祿堂。」[2]事實上，早在1645年4月7日，加六堂（Carat-ouangh）社曾派人出席荷蘭人在赤崁舉辦的地方會議。[3]在當時，下淡水溪以南幾乎沒有漢人聚落，加六堂社名或地名之由來，不可能源自福佬語發音的「猴子洞」。漢人最早在當地的土地開發文獻，始於道光八、九年間（1828、1829）。[4]此種顧名思義的地名介紹，在屏東縣的鄉土教材或家鄉繪本中並不罕見。因此，中學階段的地名教學，應著重思辯，去蕪存菁。

2　加祿國小，《長生不老的太陽果》，頁27。屏東縣：屏東縣枋山鄉加祿國民小學，2015。

3　江樹生譯著，《熱蘭遮城日誌（二）》，頁393。臺南市：臺南市政府，1999。

4　曾喜城總纂，《枋山鄉志》，頁26。屏東縣：枋山鄉公所，2010。

表1　由十二生肖動物探究臺灣與屏東的地名

生肖別	鼠	牛	虎	兔	龍	蛇
臺灣地區	12	463	145	10	586	33
屏東地區	0	9	5	0	28	1
在地地名示例	–	牛頭山	虎頭山	–	龍泉	殺蛇溪
生肖別	馬	羊	猴	雞	狗	豬
臺灣地區	284	48	58	74	38	132
屏東地區	6	1	2	0	0	1
在地地名示例	門馬羅山	羊埕口	阿猴城門	–	–	山豬毛

圖1　由十二生肖看屏東地名的教學　　　圖2　原住民語和地名的教學

（二）族語地名有重新分類並融入教學之必要

　　對漢人而言，原住民地名，非得深入田野才有辦法了解。或許是缺乏對族語的認識，教科書中介紹地名由來，蓋將多數族語地名歸類為「源自原住民語」，將之與「源自自然環境」、「源自人文設施」等類別並列。以德文部落為例，其地名之排灣族語「Tjukuvulj」，原意是「多葦草的草原」，應當歸類於源自自然環境；是類地名，若僅歸源於族語，頗有只知其一、不知其二之憾。實務上，有賴第一線的教師融入更多在地的地名知識。

　　2022年春，屏東縣立大同高中的青年營隊到泰武鄉佳平部落遊學。舊佳平部落之選址，是山裡地形起伏如手掌心一般的環境，也習得其排灣語發音

kaviyangan。[5]這個經驗讓老師得以在課堂上介紹更多在地地名。（圖2）還能利用此語言材料，比對臺灣堡圖，比對出日人所稱之カピヤン社（卡卑揚社），從而再對應到清乾隆古地圖中的加泵社。（圖3、圖4）根據荷蘭時代的戶口調查表，在南部集會區的Dalissiou峽谷內，有Dalissiouw、Potuongh、Talakobus、Poltij、Kavianggangh等村落地名。[6]這些二十年前仍無法確定位置的原民部落，透過kaviyangan等部落地名的比對和相鄰的地理區域屬性，或地名被列舉時背後隱含的順序來推敲，甚至可以和清代史料對接。前述地名經過比對，分別是陳阿修社（丹林）、勃朗、礁勝加物、務期逸、加泵社。[7]累積更多這樣的在地知識，有機會促進地方研究。

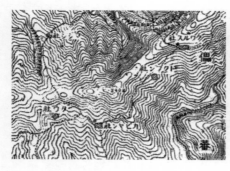

圖3　舊佳平部落與陶社

（資料來源：日治五萬分之一蕃地地形圖）

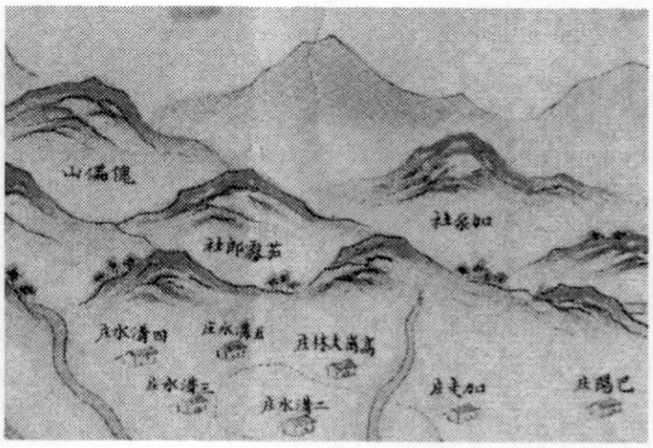

圖4　臺灣地圖（乾隆十七年）

（資料來源：不著繪者，臺灣地圖——清乾隆間彩繪紙本。國立中央圖書館，影印本，1982。）

（三）探究歷史脈絡中的地方，有助於在地知識的積累

《熱蘭遮城日誌》中有關佳平社的史料不少，當時的族人經常敷衍荷蘭

5　2021-12-18，佳平村，潘明良談。

6　中村孝志，《荷蘭時代臺灣史研究》，頁18-19。臺北市：稻香出版社，2001。

7　盧德嘉，《鳳山縣采訪冊》，頁148-149，收於臺灣歷史文獻叢刊。南投市：臺灣省文獻會，1993。

人，有著高超的交際手腕。當家頭目（很有可能是Saloquan）不僅從未親自出席地方會議，還經常把權杖交給僕人帶去集會；[8]當荷蘭人質問時，有時推說生病，[9]有時推託飢荒，完全不派人參加。[10]

現代的佳平人自稱是「喜歡交朋友」的部落，宣稱傳統領域可達屏東平原的海邊；從地理上來說，就是東港溪下游。佳平的村長指出：「山腳下有平埔族的赤山、老埤等聚落，其實在山上也還留有赤山、老埤的地名。」

十九世紀的一位老外泰勒，曾到過佳平。其報導指出：「排灣族的領土包含很長一段相當危險的海岸。因此，他們通常與外國人有較多的接觸。」[11]如今看來，當代的口碑和十九世紀西方旅行家的紀錄並沒有不同。

1871年，美國廈門領事李仙得曾到佳平部落旁邊的陶社（タウ社），記錄平埔和排灣的婚姻紐帶：

> 配對幾乎總是在當兩方都相當年輕時就定下的。會互相關注幾年後，一般是2、3年才結婚。……讓每一方確知對方的性情，如此事後才不會後悔，而必須分離。……有若干年經的已婚婦女帶著孩子……其中有些是嫁給平原平埔蕃的。可是多半時間仍都待在高山上。她們更喜歡山區，勝過平原。她們的丈夫會常來見面。……他們中許多在結婚後會離開父母的聚落，在不遠處的山丘裡，建立自己的產業。[12]

1870年初，李仙得拜訪陶社時，距「南岬之盟」僅僅兩年，族人急於想知道李仙得是否願意與他們聯盟，以便驅逐漢人。[13]陶社是佳平頭目之弟

8　江樹生譯著，《熱蘭遮城日誌（三）》，頁17。臺南市：臺南市政府，2003。

9　江樹生譯著，《熱蘭遮城日誌（二）》，頁612。臺南市：臺南市政府，1999。

10　江樹生譯著，《熱蘭遮城日誌（三）》，頁116。臺南市：臺南市政府，2003。

11　費德廉、羅效德編譯，《看見十九世紀臺灣：十四位西方旅行者的福爾摩沙故事》，頁269。臺北市：如果出版，2006。

12　費德廉，蘇約翰編，羅效德・費德廉譯，李仙得《臺灣紀行》，頁185。臺南市：國立臺灣歷史博物館，2013。

13　費德廉，蘇約翰編，羅效德・費德廉譯，李仙得《臺灣紀行》，頁185。

Laukia於十八世紀末率族人15戶80人分出的部落，[14]他們與恆春半島的原住民有所往來，不僅知道美國曾與對方作戰，而且聽說過李仙得催生的和平協議。此事讓李仙得十分驚訝，即便今日看來，都令人嘖嘖稱奇。

　　佳平的耆老指出：當家的大頭目轄下，有幾個頭目分別管理佳平聚落的幾個不同的區域；有些家族專責掌理外交事務，有些處理祭祀。綜合文獻與口碑，可知部落間有自己的情報交換系統，且運作十分良好。

　　透過前述古今之證言，隱約可知昔日的族群關係。區域地理學，將土地視為人類活動的舞台，透過原漢之間、東西洋之間不同的史料、口碑等素材，從地形、政治、經濟、交通等不同層面，將地方置入一個不斷演變的歷史脈絡中加以探究，可以拓展我們看待地方的視角。

　　104學年度，大同高中學生探究當年李仙得拜訪陶社的路線，（圖5）發現當年李仙得從陶社離開後，回程並沒有經過屏東市（阿猴街）；雖然《李仙得臺灣紀行》的繪圖者不夠熟悉屏東，畫出了錯誤的附圖（圖6），然而這樣的小瑕疵，卻是很好的探究起點，讓中學生可以操作GIS地理資訊系統，逐一比對路線上經過的村莊，甚至跟著路線重走一趟，古今對照。若是實際到佳平舊部落考察，會發現陶社早已消失。

圖5　1870年李仙得的陶社之行路線

（資料來源：截自李仙得手繪臺灣地圖，
http://hdl.loc.gov/loc.gmd/g7910.ct002341。）

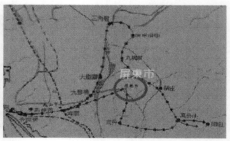

圖6　李仙得並未造訪屏東

（資料來源：據李仙得《臺灣紀行》
附圖改繪）

14　臺灣總督府警務局理蕃課原著，中央研究院民族學研究所編譯，《高山族調查書・番社概況》，頁282。臺北市：中研院民族所，2011。

（四）由地名掌握地方或區域特色

　　舊佳平部落北方，有一座桑留守山，是其傳統領域的至高點，族人稱為Iday，標高1042公尺，山頂立有一顆編號7117號的三等三角點。此山之名，是kuwarusu（クワルス）的日譯而來。[15]事實上，kuwarusu社位於佳平東北方2.5公里處，即蕃地地形圖上的クワルス社。（圖7）此社下方的溪流，照說是kuwarusu溪，應譯為庫瓦魯斯溪，不知何故，卻名為瓦魯斯溪。越過瓦魯斯溪向東，有一座庫瓦魯斯山，海拔1160公尺，山名無疑源自kuwarusu社。

　　桑留守山還有兩座山峰，其一，桑留守山東北峰，海拔1060公尺，位於舊佳平東北方水平距離約2.18公里處。其二，桑留守山東南峰，位於舊佳平東南方水平距離約1.48公里處，海拔555公尺高。這兩座山峰的命名，也源自kuwarusu的日譯。

　　萬金營區旁，有一處「吾拉魯滋」部落（排灣語Vulalus），是八八風災後，由紅十字會協助遷至新赤農場的永久屋基地。Vulalus是大部落的意思，地名也源自kuwarusu社。由此可知，本區域的河川、山峰與部落地名皆源自kuwarusu社。（圖7）透過這樣的討論，不僅可以深化在地知識的內涵，或許也還能探討河川正名。

圖7　由庫瓦魯斯社（kuwarusu）衍生的相關地名

---

15 現代日文中的「クワ」（音：kuwa）是桑樹之意，而「ルス」（音：usu）則是留守。

二 屏東縣大同高中的屏東學建構

順應課綱變革，縣立大同高中（國中部）發展跨領域課程方案，援引學習共同體哲學，透過協同學習，讓學生認識屏東的重大歷史事件、族群祭儀與文化、產業，並運用資訊工具協作，創作出許多充滿想像力的，屬於屏東在地的超時空旅行方案。除了七年級到九年級每周一堂的室內課程，還有假日的青年營隊，讓學生走出校外，培養地方感與問題意識。

（一）「塔加里揚的吟遊詩人」校訂課程簡介

課程方案以消失的平埔部落塔加里揚為名，揭示了課程的在地文史底蘊，吟遊詩人則是具備吟、遊能力的一群人，吟唱遊走於各地時，感受到的各種感想、感嘆。整個課程的架構由七年級到九年級，每周安排一節課實施。（表2）

學生在課堂上學習屏東的山川、族群祭儀、產業等風土，截取資訊、組織圖像、詮釋事件、解析地圖、體驗走讀，完成屏東產業鳥瞰圖、阿緱史新聞、命運交叉點折頁冊與日治屏東一日遊程規劃、超時空旅行方案等表現任務。

表 2　大同高中 110 學年度校訂課程架構總覽

理念	引導詩性智慧		培育吟遊能力		開展國際視野	
七年級	自然	人文山川皆阿緱 疊圖屏東自分明	美學	四百年前拉美事 多線敘事玩翻拍	矛盾	金獅蒙難拉美島 島民禍福繫一念
		大武山下風雲錄 事件拆解魚骨圖		揮筆灑墨何所為 平衡報導見真章		獨目將軍番社行 破譯斯卡羅地圖
		物產豐饒名阿緱 絕品農產化圖表		入木三分刻風光 雷雕勾勒阿緱景		南國采風繪八景 落筆洋文敘阿緱
八年級	人文	阿緱文化萬花筒 族群祭儀數家珍	創意	日治南國輕旅行 阿緱旅遊博覽會	理解	石垣八瑤風雲起 牡丹凋落誰人憐
		壘土砌磚阻刀兵 民匪相持評三城		繁華阿緱百年路 指點江山話街景		南島觀史大龜文 鹿死誰手番夷決
		阿緱旅人何處去 屏東風土深度遊		點亮大同新風貌 A.I.感應現校景		舌尖品食曉滋味 尋幽訪勝知遺事
九年級	行動	大同風土經濟學 永續發展綠活圖	科技	有跡可循覓風華 聲獻大同玩循跡	交流	引杯笑談瑯嶠事 半島咖啡共審議
		說書驚堂聽拍案 永存屏東Podcast		古城探險持Zello 瑯嶠逃脫憑藍晒		飛進富山說阿緱 台日師生視訊會
		生態育淨捨我誰 境善淨美護生行		留聲存影紀阿緱 多語解說Youtube		全球學子聚大同 文化交流知識家

（資料來源：大同高中「塔加里揚的吟遊詩人」教學方案計畫書）

（二）學生反饋，教學相長

　　本校有三位學生，是萬丹廣安許舉人家族後裔，在學習林爽文、莊大田事件單元時，引入了家族的資源。阿公親自拍照示範，昔日義勇軍的軍糧如何背負在身，姊姊創作許舉人歷史繪本[16]，親自介紹家族史。

---

16 許雅涵，《義薄雲天許舉人》。屏東市：屏東縣下淡水溪義勇公文化協會，2023。

　　另一位國二的孩子，在八年級下學期日治屏東輕旅行的單元下課後，指出：「老師，你知道公園旁邊有個龍虎宮嗎？他分成兩邊。我的阿公曾經從廟裡請了一尊保生大帝回家供奉。阿公說廟裡有一尊保生大帝，是軟身的，已有百年歷史了。」如果循著這條線索持續探究，很有可能填補屏東公園興建前，屏東大道公廟的歷史空白。

　　在繪製屏東各族群的聚落分布圖單元中，讓學生根據評量規準，自由選擇要繪製的聚落，有些孩子會選擇自己的家鄉。一位來自德文部落的孩子，指出他的祖父母都是排灣族，為什麼地圖上會顯示魯凱族？（圖8）原來老師設計的圖資，將德文視為一個行政村，簡化了村域內的自然村。德文村有德文巷、上北巴巷、下北巴巷（排灣族，約70%人口）及相助巷（魯凱族，約30%人口）。[17]學生的反饋，幫助我們精進了教材。

　　八年級的大龜文酋邦單元，透過黃金山城的傳說、獅頭社戰役與南蕃事件的比較，認識原住民的強悍源自在地優勢。一位出身酋龍家族的學生，協助我們補充了教材的內涵。

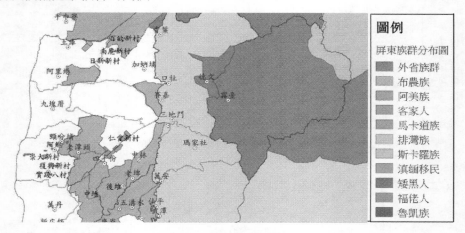

圖8　大同高中的屏東學課程教材舉隅（111學年度）

---

17 屏東縣三地門鄉德文社區發展協會（2018），三地門鄉德文社區農村再生計畫（草案），頁 2-3。https://www-ws.pthg.gov.tw/Upload/2015pthg/20/ckfile/33a33827-52ef-4ddb-a30c-b68aa26e432a.pdf

前述案例顯示，中學發展在地教材，透過學生提供的線索或反饋，有深化課程發展的優勢。透過課程的在地實踐，校訂課程跨越校園圍牆，進入公有領域，讓社區行動者能夠參與其中。

（三）透過多元方式進出地方，解開屏東文史謎團

2020年夏天，大同高中的營隊造訪恆春，在恆春國中的漂浮城牆下露營。從羅發號事件後，英、美、日等國勢力進入屏東，筆者帶學生考察恆春的大灣海灘，除了取景，也累積繪本創作的背景經驗。五個孩子為了南岬風雲繪本，著手蒐集資料與素材，這些經驗的彙整，是很棒的高中自主學習歷程的檔案題材（圖9）。透過青少年的提問與觀點，團隊透過田野、想像、繪本、檔案、書籍，等多元的方式進出地方，重新審視恆春半島的地景與事件經過的細節，甚至可能將改寫我們對於羅發號事件的認識。

羅發號事件存在兩個謎團：登陸地點及火山之謎。1869年2月，李仙得第六次參訪臺灣，此番行程，是他第四次來到恆春半島，第二度與卓杞篤見面，也是首度能進到卓杞篤的部落豬勝束社。2月28日，拜訪行程結束，李仙得於回程中，暫留於火山處休息，並且仔細審視了二年前的和談之所。透過與青年的合作與交流，創作南岬風雲繪本，再透過繪本圖文作為中介，重新審視在地知識，再透過田野調查更新，我們應當是找到當年李仙得仔細觀察的出火山。（圖10、圖11）遺憾的是，當地的治水工程已經破壞了出火山

圖9　南岬風雲繪本修訂線上會議　　　　圖10　出火山的考察

（照片來源：利天龍攝於2022年8月。）

原貌，殊為可惜（圖12）。南岬之盟的協議地點火山，似乎不符合文資審議與保存樣態，文化處在這部分有沒有可以著力之處？

圖11　東門溪南岸地景原貌

（照片來源：臺南社大吳仁邦老師，攝於2021年6月。）

圖12　東門溪南岸地景已遭破壞

（照片來源：利天龍攝，2022-8-16。）

（四）產學合作、行銷地方

　　2023年起，大同高中與勝利星村商圈的經營團隊合作，讓國際教育班的高中生進入到社區，實際訪談商店的經營者。商圈為了招商與行銷，經常要接待外國訪客，或是到國外拜訪。在地店家國際化的迫切性與社區高中在地化的需求一拍即合，聯手深耕地方。

　　園區的廣場地面設置一張大型觀光地圖，吸引遊客駐足欣賞，遙想屏東市當年的風光；可惜，地圖謬誤之處不少。例如地名「大埔」，日人手繪時被誤植為「大浦」，應該修正。著名的「日東商船組」，位置原本應該在櫻花啤酒會館（さくらビヤホール）旁，再製的觀光地圖卻因少了原有的手繪導引線而造成錯置（圖13）。像這樣的錯誤，在同一張地圖中還有許多處，又如「芳泉堂」、「臺灣運檢」、「安全食堂」的位置，皆因文字排版位移，而容易造成誤解（圖14）。不僅如此，重要的地標大照寺（西本願寺）被刪除，媽祖廟南方原有的「宗安木瓜店」，在觀光地圖中也被刪除。（圖13）今日木瓜雖然普遍，但卻是日治時期重要的在地物產與旅遊記憶，經常是屏東風景紀念戳的元素之一。（圖15）錯誤的觀光地圖，隨著時間發展，可能以訛傳訛，看來又是一個絕佳的中學生探究題材。

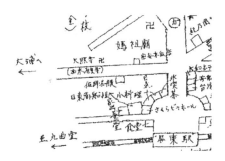

圖13　被遷移的日東商船組與應更正的地名大埔

（說明：照片攝於2023-5-4，地圖為日本屏東會提供之1940年屏東市街圖。）

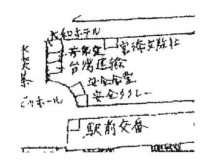

圖14　勝利星村的觀光地圖上錯置的商店名稱

（說明：照片攝於2023-5-4，地圖為日本屏東會提供之1940年屏東市街圖。）

圖15　日治時期屏東的觀光紀念戳

（圖片來源：利天龍藏，屏東名所繪葉書、臺灣旅行集印帳。）

　　另一方面，人才的培訓，可能也要有一定的回饋制度來修訂錯誤。例如：筆者曾陪同來自全國各縣市的貴賓聆聽導覽，導覽人員介紹日治時期的屏東飛行場，在解說中提到：「據說以前的勝利路與青島街，也是可供飛機起降。」然而，根據1938年的屏東都市計畫平面圖，日治當時還沒有青島街。甚至到1947年，今日的青島街在當時仍僅有崇蘭陸軍官舍的一小段，如何能起降飛機？（圖16）事實上，日治屏東由屏東火車站出發要前往飛行場，曾有一條飛行隊專用道路，稱為飛行街道。[18]（圖17）這條道路當時的起點，大致上是今日成功路底與和平路交叉口。導覽內容如改為說明消失的屏東飛行街道，相信會更貼近史實。

圖16　屏東市區舊航空影像（1947年）　**圖17　消失的屏東飛行街道（1924年）**

（說明：改繪自中央研究院人社中心 GIS 專題　（說明：改繪自陸地測量部，日治五萬分之一
　　中心（2020）〔online〕臺灣百年歷史地圖。　　　　地形圖。）
　Available at: http://gissrv4.sinica.edu.tw/gis/
　　　　twhgis/ [2023-5-6].）

三　田野與書齋：青年營隊的養分

　　大同高中的地方學習社群，以營隊的體驗學習作為中介，配合完整的學習手冊教材、運用學區資源、提供實際場域、或露營或住宿，以短期寓居的方式，師生一起在地方學習。過程中，運用審議式民主討論，過程後，舉辦青年倡議工作坊，培養思辨能力。

---

18 早川政之輔，《飛行隊見學》，頁1。臺北市：臺灣日日新報社，1930。

（一）馳騁下淡水：2008 年找尋六塊厝競馬場

在一次社區資源的田野調查中，我們獲得有趣的口碑：馬圈。經過三年研究，確認是日治時期全島七個競馬場之一的六塊厝競馬場。衛星影像仍可從圓弧形的土地坵塊與道路略知一二。（圖18）其肇建原因，係為因應昭和初期遭遇的不景氣，屏東地區的仕紳希望藉由賽馬的舉辦，來刺激景氣，提振疲憊已極的經濟。弔詭的是，維基百科在介紹六塊厝車站時的記載是：「當時因應前往競馬場（即跑馬場，戰後無再復業）旅客之便利而增設。」然而，該站設於1913年，競馬場建於1929年，維基百科的資料，顯然並非事實。儘管如此，競馬場的研究成為本校運動與休閒課程的養份，十餘年後，大同的師生仍常騎鐵馬到競馬場遺址學習。（圖19）

圖18　六塊厝競馬場遺址上的香蕉園　　圖19　大同高中高一多元選修課程

（照片來源：利天龍老師攝，2008-9-23。）　（照片來源：林怡岑老師攝，2021-11-26。）

（二）考究阿猴城：2014 年阿緱旅人營

阿緱旅人營是本校自2012年起持續舉辦的暑期營隊。師生共同創發課程，由大同青年軍學長姊帶領學弟妹學習。2014年起，開始關注阿猴城之謎。9月28日，透過屏東消防組長龍揖松藏回憶早期屏東生活的文字，解開

四座城門位置之謎。[19]以此為基礎，讓學員用麵粉自製黏土，根據墳墓、竹林、建物、水系等條件，發揮想像力，在老地圖上打造想像中的阿猴城牆（圖20）。這些經驗加上靈感，推進了研究，得到一個約略的阿猴城輪廓（圖21）。

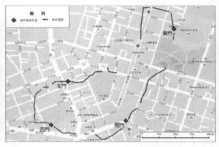

圖20　營隊中的阿猴城之謎闖關課程　圖21　推測阿猴城輪廓套疊於現代地圖

　　此篇研究之結論：阿猴城南門大致在復興北路上，接近與逢甲路的交叉口。南門外緊鄰著一座乾隆時期就已存在的拱橋：允龜橋。目前復興路與民生路口的南門解說牌應予修正，可援引乾隆古契，添加饒富趣味的允龜橋地名，或是加入日治南門派出所的相關內容，藉以反映時代變遷。

　　而阿猴城北門，大約在屏東憲兵隊對面。這個地點與長春公園的圓環相距超過一百公尺。長春公園現有由民間組織設立的城門解說牌與地圖，應予更正以免誤導。如欲維持原有解說牌，其內容應以介紹緊鄰的舊縣長官邸（原日治時期廳長官舍、郡守官舍）或日治時期的市區改正規畫內容為主，這些建議提供文化部門參考。

　　跟教育部門有關的建議是：阿猴城西門應當在唐榮國小的西南隅，位於操場南緣。國小與慈鳳宮之間狹窄的媽祖巷，在昔日原為阿猴城西門街道所經。如能在國小操場西南方的側門旁，設立西門解說牌，應有助於鄉土教

19　利天龍，〈水落石出？解開阿猴城輪廓的歷史謎團〉，收於《2016年第12屆南臺灣社會發展學術研討會論文集何謂「屏東學」？屏東研究的回顧與展望》。屏東縣：國立屏東大學，2017。

育。殖民時期曾在公學校任職的詩人尤和鳴，與其即景詩中的長牆意象，也有發展學校本位課程的可能性。

（三）必也正名乎：2015 年屏東公園揭牌

104、105學年度，大同高中的學生研究阿緱神社與屏東公園。當時名稱還是中山公園，但在地社團希望改為阿緱公園或是阿猴公園。本校社群通力合作，掌握屏東公園的創設年代、擴建歷程與地景變遷，詮釋屏東地名由來，建議把中山公園改回原來的名字──屏東公園。[20]如今，再來看屏東地名由屏東書院肇始之後，不僅在短短不到一百年間，陸續成為本地各公私建築的招牌，後來更華麗地躍居成為街名與郡名，很可能與雅號「屏東」的阿緱廳長佐佐木基在任時的耕耘有關。（圖22）佐佐木基擔任廳長五周年時，蘇雲梯、李廷光、藍高川、黃添福等屏東仕紳還特別致贈屏風，頌揚其「衛生、保安、通工、惠商」[21]等偉大的功績呢！

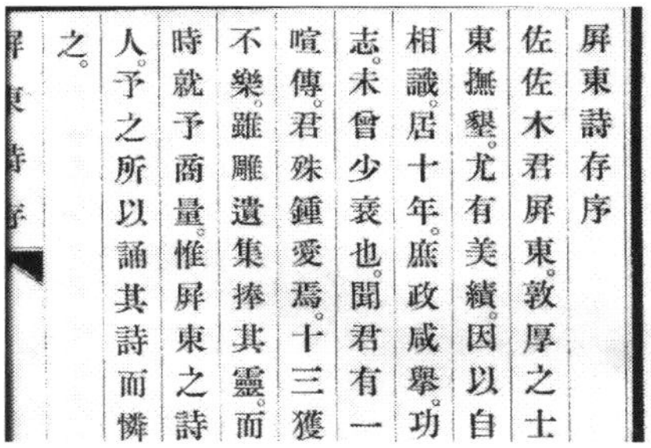
屏東詩存序
佐佐木君屏東敦厚之士
東撫墾。尤有美績。因以自
相識。居十年。庶政咸舉。功
志。未曾少衰也。聞君有一
喧傳。君殊鍾愛焉。十三獲
不樂。雖雕遺集捧其靈。而
時就予商量。惟屏東之詩
人。予之所以誦其詩而憐
之。

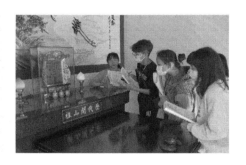

圖22　屏東詩存序

（資料來源：佐佐木絹世，《屏東詩存》。東京市：黑須澳治，1937。）

圖23　里港雙慈宮文史導覽培訓

（照片來源：利天龍攝，2021-1-28。）

[20] 利天龍，〈日治時期屏東公園的創設，管理與地景變遷〉，《屏東文獻》，第19期，頁3-83。屏東縣：屏東縣政府文化處，2015。

[21] 佐佐木絹世，《屏東詩存》，無頁碼。1937。

（四）改寫校史：2021 年邂逅阿里港營隊

2021年寒假，大同高中的營隊去到阿里港，師生在雪峰書院舊址（里港國小）露營。為了培訓高中生執行在地文史解說，團隊針對韓哲卿宅、雙慈宮、紅白廟與阿里港城進行探究。（圖23）阿里港文化協會的理事長吳庚元先生，收藏一張明治39年（1906）4月頒給蘇定的阿里港公學校的第一號卒業證書影本，讓里港國小的校史引發團隊關注。

2021年五月初，筆者找到1899年7月14日阿里港公學校即奉准成立的史料，當時殖民政府在屏東核准設立阿猴、阿里港、萬丹、萬巒庄及石光見公學校，[22]是屏東地區僅次於內埔、東港公學校的第二批公學校。[23]同年八月28日上午11時，阿里港公學校舉行開校式，有各界官員及學生家長等一百五十名出席。

我們提供史料給關注里港國小校史的李秉穆校長，有關改寫阿里港創校年代的發現，後來被刊載於當地刊物。[24]遺憾的是，該篇報導把潮州庄公學校誤植為潮州公學校。事實上，1906年時該校才改名為潮州公學校。[25]即便更新了創校年代，卻仍留下一道待解的問題：若1899年9月阿里港公學校即開校，為何到1906年4月，才有第一位畢業生？

（五）跨域學習：2023 年古茶布安的呼喚青年跨域行動領袖營

2022年底，筆者向屏東縣環教團提出古茶布安的呼喚——青年跨域行動

---

22 「明治三十二年臺南縣告示第二十六號公學校設置認可ノ件」（1899-07-28），〈明治三十二年臺灣總督府公文類纂乙種永久保存第二十一卷文書〉，《臺灣總督府檔案·總督府公文類纂》，國史館臺灣文獻館，典藏號：00000389027X003。

23 臺南縣報，第119號。告示第72號。明治31年11月11日。

24 參閱：https://www.facebook.com/photo/?fbid=228500419115070&set=pcb.228500575781721。

25 「阿緱廳告第二十六號潮州庄公學校改稱」（1906-04-10），〈明治三十九年臺灣總督府公文類纂永久保存第三十二卷地方〉，《臺灣總督府檔案·總督府公文類纂》，國史館臺灣文獻館，典藏號：00001186027X025。

領袖營的計畫，獲得教育部支持。在籌備階段，蒐集到許多魯凱神話故事。例如一個廣為流傳的男子「布能」的事蹟：

> 傳說古早的大武山下有大水形成湖泊，那曾被洪水沖失的舊部落祭祀聖壺，再度現形於此，載浮載沉漂停於湖心。附近各部落的貴族獲悉消息後，皆疾速趕至此地，盼能捷足先登奪取聖壺，當他們先後游向聖壺，他卻自動漂離，無人能夠取得。達拉巴蘭（Dalabalan）家中，一位名為「布能」的男子來到湖邊，當他向著聖壺游去時，祂卻自動漂向他的身旁。取得聖壺的布能當眾宣稱：「我取得了你們所取不到的聖壺，聖壺從此屬於我，我站立地點所能看到的山林河流也屬於我！」[26]

　　第一階段的山訓，我們到禮納里好茶，與魯凱作家奧維尼‧卡露斯先生的對談（圖24）。當地有一塊象徵傳統領袖地位的立石，旁邊的旗幟寫著「達喇八漾」戰功英雄宗親會所（圖25）。透過提問，卡露斯先生解釋說：「達拉巴蘭（Dalabalan）是排灣語發音，而達拉八漾（Darapayan）則是魯凱語。」[27] 始知「達拉巴蘭」即「達拉八漾」，零碎的在地知識才能串聯統整。

圖24　與奧威尼‧卡露斯先生對談　　圖25　禮納里好茶達喇八漾家的立石
（照片來源：陳明男老師攝於2023-3-11。）　　（照片來源：利天龍攝於2022-9-12。）

26　田哲益，《魯凱族神話與傳說》，頁215。臺中市：晨星出版社，2022。
27　2023-3-11，禮納里好茶，奧威尼‧卡露斯先生談。

2023年4月第二階段的領袖營，師生進入魯凱族傳統領域學習。通過谷川大橋，見到位於隘寮北溪左岸的伊拉部落，海拔高度約260m左右。魯凱族的司機沿途導覽時指出：伊拉部落原本就在這裡，沒有遷徙過。他們人會說排灣語，也會說魯凱語，或許透過通婚，可以和排灣族溝通，伊拉算是魯凱族的前哨站。然而，根據日人記載，伊拉部落原居地在德巴達班社，由於人口增加、耕地不足，由頭目的第三子與部下遷到隘寮北溪左岸、井步山（阿緱富士山）北方約5.1km處，是一個沿著知本越嶺古道海拔810m的地方。[28]熟悉地理位置的話，會發現口碑與日人的紀錄有所出入，這些田野的發現，可以是學生深入探究的起點。

神山部落有一座耶穌聖心堂，堂中有個大蜂窩，象徵團結。旁邊廣場空間的壁畫，刻畫著男生一邊、女生一邊的舞蹈圖像。霧台部落的岩板巷，也有類似的壁畫，透過族人頭飾上的羽毛、百合花等裝飾物，可以很清楚地了解到魯凱族與排灣族的不同。沿著台24號省道繼續往高海拔的地方前進，可達道路終點的阿禮部落，從阿禮部落出發走阿魯灣古道，翻越鞍部，可到舊好茶。在實際到魯凱族領域之前，從資料上獲得許多概念，其中雲豹最吸引我們注意；日治時代的調查，顯示舊好茶部落是許多外圍部落的核心，陸續有族人從舊好茶遷徙到鄰近的部落。然而，當我們實際拜訪阿禮部落時，這樣的說法就遭遇挑戰，部落的老人家有不同的看法。就阿禮部落的口碑，與其說是雲豹的故鄉，倒不如說是熊鷹俯瞰的領域。

（六）在地知識的積累：高中生小論文

短期寓居於地方的營隊，是否僅是流於儀式性的文化體驗？端賴課程的實踐過程與延續性的設計。中學生在籌備營隊、參與課程實踐或田野間發掘的問題，能夠帶回學校進行探究，累積地方知識，成為善的循環。與文史社

---

28 中央研究院民族學研究所編譯，《高砂族調查書》，番社概況，頁256-257。臺北市：中央研究院，2011。

團的興趣取徑不同，高中生適合「小題大作」，透過引導與培養，針對地方文史社團關注的議題進行探究，累積自主學習成果，並為地方學奠基。（表3）

表3　大同高中學生的小論文作品

學年度	組別	小論文作者	研究主題
104	1	徐○鐘、田○文、許○茹	日治時期屏東阿緱神社之研究
	2	楊○涵、張○文、黃○達	日治時期屏東公園的創建與地景變遷
	3	張○真、陳○慈、陳○妤	一八七○年李仙得的陶社之行研究
	4	張○哲、張○傑、邱○儒	日治時期屏東仕紳龍揖松藏之研究
105	1	李○瑄、林○佑、邱○瑋	灣生回家：屏東32番地的探尋
	2	曾○睿、胡○昀、羅○凱	日治時期阿緱神社的建築結構研究
	3	林○妡、林○伶、楊○馨	新東勢庄土地公信仰研究
	4	陳○馨、蒲○淇、林○君	圳寮與和尚寮的比較研究
	5	葉○蓮、鄭○云、陳○穎	豐平菸草移民聚落研究
106	1	鄭○湄、郭○岑、王○驛	林仔內祭祀變遷與竹竿炮發展過程
	2	沈○諼、李○容、薛○涵	萬年溪遺珍：永安圳的水系變遷
	3	林○吟、戴○晴、郭○婷	阿緱廳長官舍研究
109	1	吳○信、楊○博、劉○岑	屏東市電影院的分布與變遷

106學年度，三位大同高中的女學生研究阿緱廳長官舍。她們拜訪官員，得知政府曾邀請專業團隊研究，並未在建築內發現棟札，故而不知年代。筆者指導這群孩子，不眠不休地在史料中爬梳，終於找出這座建築的興建年代。遺憾的是，這樣重大的發現，在詭異的中學生小論文篇數限制下，無緣投稿參賽，令人唏噓。儘管如此，高中生的「小題大作」，還是能累積地方學的成果。在這棟建築物滿百歲的那一年，大同高中的師生特地騎著鐵馬帶著蛋糕，在官舍外的長春公園為古蹟慶賀。（圖26）

108學年度，郭漢辰老師邀請筆者參與屏東女中的語資班課程，以產業

為主軸，帶學生探索屏東市大宮町、末廣町與黑金町（圖27）。行程中走訪井筒料理亭舊址、介紹藝妓、酒類賣捌人劉菜頭故居等料理相關產業。這次經驗不僅提供屏女的學生產出地方研究作品的養分，[29]也成為該校探究課程的基礎之一。

圖26　為百年的阿緱廳長官舍慶生　　　　圖27　走讀屏東市西門古道
　（照片來源：吳之惠老師提供。）　　　　（照片來源：利天龍攝，2019-10-18。）

（六）地方之愛

　　專家說：「一個完整的地方哲學的體系，應該具有三個部分理論（地方知識）、實踐（地方實務）和情感（地方感或地方之愛）。」（賀瑞麟，2022:476）看來，我們還需要探討情感的部分。深刻的地方經驗，會在記憶的群體之間轉化為精神空間而持續存在。（高淑玲，2011:92）

　　2023年四月初，阿禮部落阿爸禮握手頭目家屋前的廣場，飄著細雨的夜，在營火旁哼著歌，聆聽故事的每個人，共同經歷了那個地方。頭目之子包宇軒，以族語吟唱古調，召喚曾經在那裡歡笑與歌唱的人們，在已遷村杳無人跡的山林裡提問，有沒有聽見年輕學子的聲音？後續藉由「雲豹的約

29　例如：利昀蓁、陳詩婷、曾柔家（2021），〈域之「末」，食之「廣」──日治時期屏東末廣町料理業風華〉。參閱：https://storymaps.arcgis.com/stories/7b379ec4806a489ea54b53ca69240fad。

定」儀式、與山神的對話或與自己對話，家屋廣場的空間被經歷、被實踐，也成為濃厚情感的寄託。

下山後，我們舉辦青年工作坊，鼓勵學員提出在地問題的解決倡議（圖28）。其中一隊著眼於是否能以紅藜莖桿為材料，替代攀登井步山時沿途所見到的塑膠製登山路條，用在地的技能解決在地的問題。當這群孩子在屏東平原上，不經意望見曾經登頂的的那座海拔2066公尺的井步山時，應當很難忘記山裡的深刻體驗，必定有某一種情感，於焉而生。（圖29）

圖28　青年倡議工作坊	圖29　阿緱富士山
（照片來源：利天龍攝，2023-4-22。）	（照片來源：利天龍攝，2023-5-4。）

前述案例顯示，在地的知識要能有所突破，不僅要回到地方，關鍵還可能是和誰一起進入地方？我們的經驗是，老師們（銀）和好奇的學生（青）一同走進地方，在學習共同體的哲學下，運作良好的社群，會是地方學的美麗風景。

中學階段短期寓居於鄉土的青年營隊，不僅有助於地方知識的傳承與積累，也足以產生地方情感。對屏東市的學生而言，山區的部落或半島的城鎮空間，經由營隊的實踐，產生了意義。在學區外生活數日，累積深刻的學習體驗，不斷地讓想像中的地方更貼近現實，也讓地方進入到感覺與價值的中心。

四　在地的夥伴關係：跨世代聯手，讓年輕人回到地方

　　大學的學生來自各縣市，如果缺乏地方學的知識建構或社區參與，比較像是土地上的過客。有課上課，沒課回宿舍。但中小學不同，生源來自社區，放學後回「家」，回到一個具有各種意義的地方，甚至，我們可以說，在大多數的時間裡，中小學生其實沒有離開過所謂的「地方」。透過這些孩子，可以發掘出更接地氣的資料。

（一）由鄉土營隊到地方創生

　　本校自2011年起，連續舉辦八年暑期營隊──阿緱旅人營，以走讀方式由老師帶領青年軍認識以崇蘭陸軍官舍為中心的日本陸軍飛行第八聯隊建築遺構與社區文史、生態，再由這一批種子共同備課，發展各自的解說腳本。其中一個解說點：安溪城隍宮，老師的解說版本，原本只有聚焦在地名安溪、城隍信仰的源流、因躲避戰禍由嘉義中寮南遷至此，形成疏開寮聚落；擔任解說員的校友小波（化名）卻能夠透過長期的在地耕耘，挖掘出黑興元帥才是最初的廟宇主神，甚至連生前職業與個性都能有所掌握：

> 日治時期先民疏開期間，從嘉義布袋逃往屏東檳榔腳附近，並攜帶原鄉信仰黑興元帥令牌供奉（沒有神像），落腳於屏東後，開始濟世。爾後黑興元帥逐漸減少濟世，改由城隍爺濟世，距今約八十年前於屏東安溪城隍廟現址，由當時地方仕紳集資買下土地、興建簡易祠堂（草厝）供奉，當時已雕刻三位城隍神像以及其他配祀神尊。
>
> 大城隍生前身分不可考，二城隍生前為醫生。至於三城隍，個性兇悍，能從幾個面向觀察：降乩時力大無比，能將辦法事的案桌拍裂，為此還特別加厚桌板，另一觀察是祭祀三城隍的必備供品有香菸跟檳榔，後來從廟方人士口述得知三城隍生前為流氓。

而黑興元帥為城隍爺之學生，故黑興元帥雖然先到屏東落腳，但後來由安溪城隍爺坐鎮為主祀神祇。[30]

大同高中的青年社群，十餘年來由學長姊帶領學弟妹認識在地文史與生態。2022年開始合作撰寫企畫書向政府提案。其中一位提案者，挖掘出大水氾濫後遷村共融的潮厝與崎仔頭兩個部落中，一段特別的平西王吳將軍與老茄苳樹的故事。（圖30）透過屏東縣青年參與社區及村落文化發展計畫，規劃長者話故事、青年畫故事的行動，（圖31）展開一系列訪談與踏查，再由青銀共同繪圖，合力完成社區特色繪本《庄尾守護者》，留下跨世代的共同記憶。[31]

圖30　青年創作在地故事繪本

（照片來源：張哲維攝於2023-5-8。）

圖31　青銀共創家鄉繪本

（照片來源：張哲維攝於2023-5-7。）

農曆三月瘋媽祖，村莊舉行平安繞境活動，許多從外地返鄉的青年學子也參與其中。透過先前產出的繪本，不僅獲得耆老關注，更由各自不同的成長經歷，從書中內容、畫面延伸更多不同視角，再次凝聚社區的跨世代交流。

學校的普遍性知識對某些學生來說之所以乏味，有時是與地方脈絡脫節所致。地方上發生過的事蹟與記憶，若由地方居民有意識地保存，肯定比外

---

30 2023-2-28，安溪城隍宮，校友林祈賢訪談。

31 張哲維，〈挖掘社區故事、蹲點里港潮厝〉，《南方隅》，頁58-59。屏東縣：屏東縣文化處，2023。

人更有效率,也能更完整的被保留下來。中學教育應傳達文化保存的必要性與意涵,並輔導學生精進能力,有系統地整理家鄉的文獻與故事。

(二)有志一同:由在地到他鄉的擴散

　　一位108年畢業的校友,因曾參與本校青年營隊,體認到在地文化的重要性。就讀大學後,在升大四的暑假,與不同領域的夥伴共同發想,並在臺中忠義社區舉辦四天的跨領域教育營隊,課程環繞當地文化及生態設計,除了援引本校的社區地圖課程模組,也讓孩子用在地文學去感受土地(圖32)。另一位於112年北上求學的校友,在大學認識不同縣市的同學,以各自累積的公民參與議題的經驗,共同向教育部青年署提案,關注在地的綠色經濟與農業廢棄物議題。

　　由此可知,中學端推動鄉土教育所扮演的角色是希望帶給學生有關於對地方情感的經驗,並且培育出一批具有地方實務的青年,當有更多類似經驗的青年聚集,結合來自不同地域的鄉土經驗,往往能激盪出新的火花。

圖32　臺中忠義社區青年營隊

(照片來源:陳郁慧提供。)

圖33　第四屆大屏共讀工作人員

(照片來源:大屏共讀粉專,2022-9-5。)

(三)青年返鄉:大屏共讀

　　近年來,有個青年社群——「大屏共讀」相當活躍,如今已舉辦第五

屆。其初衷，是讓想討論社會議題、關心屏東在地故事的高中生，能找到志同道合的夥伴，共聚交流（圖33）。「在每個屏東孩子的心中，放一座家鄉的大武山。」這些青年具有滿滿的能量，致力於高中生的培力與支持性的社群經營，希望將來可以有很不一樣的屏東。本校第九屆青年軍校友在大屏共讀的第三屆參與共讀活動的籌備，以各自的努力為屏東而前進著。

（四）青年壯遊：南岬之盟

2023年7月，大同高中舉辦暑期營隊，第一階段在社區探索學習，第二階段「會盟在南岬」，學員前往恆春半島移地訓練（圖34）。學員們要帶著第一階段的學習體驗，在第二階段執行青年壯遊任務，分組探訪射寮、新街、統埔、保力、車城等五個聚落，學習如何運用適切的語言、行動與態度，和耆老對話，航向偉大而未知的旅程。

在射寮探索的學員在柑仔店裡學習「龜蛇把海口」的風水形勢，更發現當地僅有一座東營，和社區學習的經驗有所不同。（圖35）赴新街聚落體驗壯遊的學員，在google地圖中發現排水溝上游的有趣地名「龍狸溪」；嫻熟臺文領域的一位學員驚嘆道：「『龍狸』一詞要用福佬語發音方知其意，『龍狸』即『鯪鯉』（lâ-lí），穿山甲之意。」進入保力庄的客家學生，則體驗到無法用客家語和在地人對話的探索歷程。在統埔村，青年的好奇心與老師的

圖34　大同高中2023年會盟在南岬營隊

（照片來源：張貽惠攝於2023-7-23。）

圖35　射寮聚落的東營

（照片來源：張貽惠攝於2023-7-23。）

知識儲備相互激盪，觸動當地耆老的熱情，引導學員進一步探索城仔的遺跡，不經意地突破既有文獻的疆界。這些田野收穫，透過圖文彙整與發表，呈現或再現出地方學的更多可能性。

五 結論

在地方學的多層次建構概念中，中學教師應把握課程改革的浪潮，在課程中融入在地知識，鼓勵學生發覺並解決在地問題。組織跨域學習的營隊，提供青年實際的體驗學習場域，能夠有效開拓學生視野，啟發問題意識，透過後續的探究與發掘，有助於地方學積累。

在地方學習並受到啟蒙的青年，將成為地方學的即戰力。透過記錄地方口碑轉化為繪本、複製鄉土營隊經驗、返鄉舉辦共讀講座、在地方體驗青年壯遊等方式，為地方學的實踐貢獻心力，樣態多元、成果亮眼。

期許更多偶然與地方相遇的中學教師，既稍微了解地方知識、也剛好積攢一些資源，何不與青年學子共組學習社群，持續進出地方，深耕地方之愛。

參考文獻

不著繪者，《臺灣地圖──清乾隆間彩繪紙本》。臺北市：國立中央圖書館，影印本，1982。

早川政之輔，《飛行隊見學》。臺北市：臺灣日日新報社，1930。

佐佐木絹世，《屏東詩存》。東京市：黑須澳治，1937。

江樹生譯著，《熱蘭遮城日誌（二）》。臺南市：臺南市政府，1999。

江樹生譯著，《熱蘭遮城日誌（三）》。臺南市：臺南市政府，2003。

加祿國小，《長生不老的太陽果》。屏東縣：加祿國民小學，2015。

田哲益，《魯凱族神話與傳說》。臺中市：晨星出版社，2022。

吳明榮編，《南方隅》。屏東縣政府文化處，2023。

臺灣總督府警務局理蕃課原著，中央研究院民族學研究所編譯，《高砂族調查書・番社概況》。臺北市：中研院民族所，2011。

費德廉（Douglas L. Fix）、蘇約翰（John Shufelt）編，羅效德、費德廉譯，李仙得《臺灣紀行》。臺南市：國立臺灣歷史博物館，2013。

林崇熙，〈如何在地〉，收於李錦旭主編，《大學地方學的形塑與發展：從發展史到認識論──2021年第二屆屏東學學術研討會論文集》，頁441-471。臺北市：萬卷樓圖書公司，2022。

賀瑞麟，〈智慧之愛對地方之愛：哲學與地方學的對話〉，收於李錦旭主編，《大學地方學的形塑與發展：從發展史到認識論──2021年第二屆屏東學學術研討會論文集》，頁473-499。臺北市：萬卷樓圖書公司，2022。

高淑玲，〈文化空間、集體記憶與地方感形塑過程研究──以北投七虎新村為例〉。國立臺灣師範大學社會教育學系碩士論文，2011。

曾喜城總纂，《枋山鄉志》。屏東縣：枋山鄉公所，2010。

從屏東縣國小校史發展來看
鄉土教育之發展

李秉穆*

摘　要

　　校史發展是鄉土教育的一環，所以本文先談日本治台日化教育政策在屏東國小教育的發展，提到1896年（明治29年）在全省設立14個國語傳習所，發現**恆春國語傳習所**乃屏東首學，並分出滿州國小等屏南的學校。而其他屏東縣中北部公學校的發展乃由**鳳山國語傳習所**之分教場發展出來，包括內埔、東港及阿猴分教場（中正國小前身）。1898年7月頒布臺灣公學校官制及規則後，即陸續將國語傳習所廢除，並在各地廣設公學校，屏東的公學校就在這段時期陸續成立：

1898年11月11日　內埔及東港公學校

1899年3月17日　潮州庄公學校（今潮州國小）

1899年7月14日　阿猴公學校（今中正國小）、阿里港公學校（今里港國小）、萬丹公學校、萬巒庄公學校（今萬巒國小）及石光見公學校（今佳冬國小，1900年3月1日遷至現址，改稱茄苳腳公學校）

---

* 　現任屏東縣載興國小校長，著有《世紀的容顏：屏東縣里港國小百年發展史之研究（1900-2003）》、編著《鹽埔教育志》，屏東縣教育文物普查顧問。曾獲101年臺灣省政府文史人員獎、103年國立屏東大學傑出校友。

其中，也釐清了里港國小校史提早一年的史實：由於阿里港公學校成立之初曾發生兩次大火，史料多重建，沿革誌都記載：明治33年8月創校，再加上畢業生名冊第一屆為1906年，沒有想到臺南縣報釐清了史實，也改變了歷史！並且介紹高樹、鹽埔、九如、土庫、載興、塔樓等分校成立及獨立，提到92年8月玉田國小新學校的成立。另外，針對日治以來學期制度變遷、教師名稱的演變、學校改名的故事做一說明，再延伸到「里港文史古蹟巡禮～從里港國小走到藍家古厝」，從雪峰書院、敬字亭、呂岳德政碑、南門簡介、里港雙慈宮到藍家古厝，並簡介里港藍家發展史。

最後，針對屏東縣本土教育——社區踏查作法做一分述，先說明「屏東縣111學年度國民中小學本土教育整體推動方案——社區踏查記錄家鄉實施計畫」內容，再分析今年提出申請的九所學校的特色：包括大成、泰山、滿州、恆春、富田、仁愛、仕絨、潮東等八所國小及獅子國中。讓各校的發展有個初步的認識及了解鄉土踏查的內容及作法。

關鍵字：國語傳習所、公學校、百年校史、日化教育、本土教育、鄉土教育

一 日本治台日化教育政策在屏東國小教育發展

　　日本治台初期，首先於1895年在臺北士林芝山巖設立學堂（1896年改稱為「國語學校第一附屬學校」，1898年改稱「八芝蘭公學校」，今士林國民小學）；1896年（明治29年）設立**國語傳習所**，全省成立臺北、淡水（滬尾）、基隆、新竹、宜蘭、臺中（彰化）、鹿港、苗栗、雲林、臺南、嘉義、鳳山、**恆春**及澎湖島（媽宮城）等14個國語傳習所。[1]恆春國語傳習所是其中之一，乃成為屏東首學；1898年7月頒布臺灣公學校官制及規則後，即陸續將國語傳習所廢除，並在各地廣設公學校，屏東的公學校就在這段時期陸續成立：

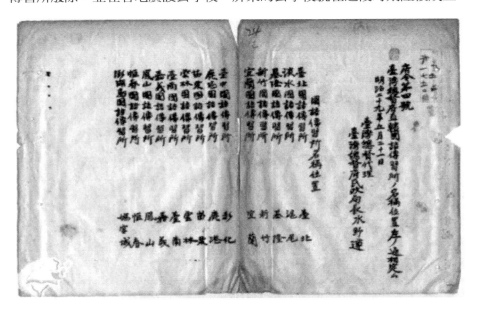

圖1　臺灣總督府直轄國語傳習所名稱位置

1　臺灣總督府令（1896）。臺灣總督府直轄國語傳習所名稱位置。依據明治29年5月21日府令第四號。

二 日治教育改革政策——屏東首學在恆春

1895年　　　　　臺北士林芝山巖設立學堂

1896年　　　　　改稱為「國語學校第一附屬學校」，1898年改稱「八芝蘭公學校」（今士林國民小學）

1896年　7月　設立14所國語傳習所（恆春國語傳習所此時成立）

1896年　7月　設立屏東首學恆春國語傳習所（1900年10月成立恆春公學校，1896年10月成立豬朥束分教場——今滿州國小）

1898年　7月　頒布臺灣公學校官制及規則後，即陸續廣設公學校將國語傳習所廢除。[2]

三 屏東縣公學校發展

鳳山國小大事記

明治29年（1896）　鳳山國語傳習所

明治30年（1897）　增設分教場：內埔分教場（內埔國小前身）

明治31年（1898）　增設分教場：打狗分教場（旗津國小前身）；阿公店分教場（岡山國小前身）；阿猴分教場（屏東中正國小前身）；東港分教場（屏東東港國小前身）

明治31年（1898）　改制為鳳山公學校[3]

明治31年（1898）　11月11日　內埔公學校（1897年鳳山國語傳習所內埔分教場）；東港公學校（1898年鳳山國語傳習所東港分教場）

明治32年（1899）　3月17日　潮州庄公學校（今潮州國小）

2　李秉穆（2014）。世紀的容顏：屏東縣里港國小百年發展史之研究（1900-2003）。臺北：稻鄉出版社。頁11。

3　鳳山國小網站/學校簡介（2023/3/21查閱）https://affairs.kh.edu.tw/4896/page/view/7

明治32年（1899）　　7月4日阿猴公學校（今中正國小，1898年鳳山國語傳習
　　　　　　　　　　　所阿猴分教場）；阿里港公學校（今里港國小）；萬丹公
　　　　　　　　　　　學校、萬巒庄公學校（今萬巒國小）；石光見公學校
　　　　　　　　　　　（今佳冬國小，1900年3月1日遷至現址，改稱茄苳腳公
　　　　　　　　　　　學校）[4]

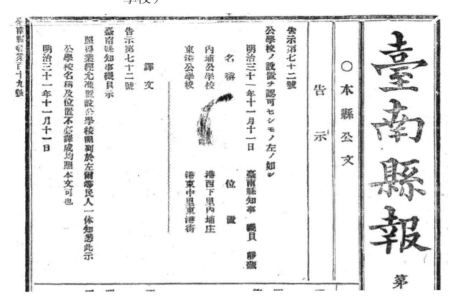

圖2　臺南縣報，告示第七十二號

四　里港國小老歷史──世紀的容顏，看見百年風華

（一）里港國小校史提早一年

　　民國101年5月，里港國小校史有重大發現（屏東縣大同高中地理教師利
天龍查詢，曾任屏東縣志編輯委員）：

4　臺灣總督府檔案（1898）：臺南縣報，明治31年11月11日，告示第七十二號。臺灣總督
　　府檔案（1899）：臺南縣報，明治32年7月14日，告示第二十六號。

明治32年（1899）7月14日阿里港公學校奉准成立，並於同年的8月28日就舉行開校儀式了。當時已經有各界官員及學生家長等一百五十名出席！因此不會是等到隔年（1900年）8月才運作！所以里港國小校史提早一年成立。

阿里港公學校成立之初曾發生兩次大火，史料多重建，沿革誌都記載：明治33年8月創校，再加上畢業生名冊第一屆為1906年，沒有想到臺南縣報釐清了史實，也改變了歷史！[5]

圖3　《世紀的容顏——屏東縣里港國小百年發展史之研究（1900-2003）》書影

5　臺灣總督府檔案（1899）：臺南縣報，明治32年7月14日，告示第二十六號。明治32年
　　（1899）7月14日阿里港公學校奉准成立。

（二）分校成立及獨立

高樹國小　1908年6月5日成立東振新分教場，1910年改為東振新分校，1911年遷至高樹下庄，1913年獨立為東振新公學校。

鹽埔國小　1917年3月31日成立鹽埔分校，1920年獨立為鹽埔公學校。

九如國小　1918年4月成立九塊分校，1920年獨立為九塊公學校。（1978年8月1日改九如國小）

土庫國小　1922年4月土庫分教場，1938年獨立為土庫公學校。

載興國小　民國38年9月成立載興分班，民國41年9月改為載興分校，民國43年5月獨立。

塔樓國小　民國47年9成立塔樓分班，民國51年9月改為塔樓分校，民國89年8月獨立。

玉田國小　民國92年8月成立，劃分玉田及潮厝兩村為主要學區。[6]

（三）學期制度變遷

明治31年（1898）　2月1日～1月31日，分為兩學期。第一學期2月1日到7月10日；第二學期9月1日到隔年1月31日（八月十六日〔府令第七八號〕）

明治36年（1903）　4月1日～3月31日，分為三學期。第一學期4月1日到8月31日；第二學期9月1日到隔年12月31日；第三學期隔年1月1日到3月31日（一月九日改正〔府令第一號〕[7]）

民國35年（1946）　2月1日三十四學年度第二學期起施行。8月1日～7月31日，分為兩學期。第一學期8月1日到隔年1月31日；第二學期2月1日～7月31日（34年12月〈臺灣省各級學校

6　李秉穆（2014）。頁306-307。

7　臺灣教育會（主編）（1939）：臺灣教育沿革誌。臺北：南天出版社。頁229，258。

學年學期劃辦法〉[8]）

（四）教師名稱的演變

1898年起臺灣的公學校合格教員分為教諭與訓導兩種。1923年起教諭改稱為訓導（日籍教師為主），原訓導改稱為准訓導（臺籍教師為主）。中學合格教師稱為教諭及助教諭。

代用教師：

1898-1917年　分為囑託（日籍教師為主）與雇（臺籍教師為主）兩種。

1918-1921年　改稱為教務囑託、教諭心得（日籍教師為主）與訓導心得（臺籍教師為主）三種。

1923-1940年　改稱為教員心得。

1941-1945年　改稱為助教。

光復後改稱教員及代課教員。63學年度起改稱教師及代課教師。[9]

（五）學校改名的故事

大正9年（1920）10月行政區域調整，將原來的阿里港區與土庫區合併為「里港庄」，成為高雄州屏東郡里港庄，**阿里港公學校於隔年（1921）的四月改為里港公學校**。

昭和16年（1941），4月改為里港「東」國民學校。（因為於日人里港尋常小學校之東）[10]

〈臺灣教育令〉做第二次修正並規定：

8　李園會（1985）：國民教育政策之演進。南投：臺灣省政府。頁51-52。

9　吉野秀公（1927）：臺灣教育史。臺北：南天出版社。頁471，498-499。

10　臺灣總督府（編）（1941）：臺灣總督府職員錄。臺北：臺灣時報。頁685。

廢止小學校、公學校之名稱，而一律稱為「國民學校」。……國民學校之課程表尚分為第一、第二、第三各號。第一號表之國民學校，即前之小學校，收容日人及臺人之能用日語者；第二號表及第三號表之國民學校，即前之公學校，收容一般普通台籍兒童。[11]

五　里港文史古蹟巡禮～從里港國小走到藍家古厝

（一）雪峰書院

雪峰書院。清光緒3年（1877）藍登輝、張簡榮、張簡德等建。有房7間，奉祀文昌帝君、倉頡、朱熹等。凡里港、九如、鹽埔、高樹等地生童皆至此課讀，漸為下淡水文教中心，亦為文人墨客薈萃之地。日本領後改為孔廟。光緒24年（1898）設阿里港公學校。光緒29年（1903），孔廟被迫拆除以建教室。[12]

（二）敬字亭

里港國小內有一個古老的文化爐（敬字亭，或稱敬聖亭），據鄉志記載清光緒3年（1877）建雪峰書院，敬字亭或許同時建立。敬字亭的起造，旨在提倡儒教，尊重聖賢，教人不可亂丟紙屑，踐踏字紙，凡不用之字紙，必須投入亭內燒毀。國民政府來臺後，於修建里港國小時依原模加以整修，可

圖4　敬字亭

11 臺灣省文獻會（1970）：臺灣省通志卷五教育志——制度沿革篇。臺中：臺灣省政府。頁76。

12 百度百科網站／雪峰書院（2023/3/21查閱）https://baike.baidu.com › item ›

圖5　呂岳德政碑

能是因為原來的字跡難辨而誤植成敬聖亭。原惜字亭位置並不在現址，現址為後來所遷至。[13]

（三）呂岳德政碑

里港公園內的「呂岳德政碑」，額刻「甘棠遺愛」，背面為「呂岳德政碑發現記」。呂岳，浙江餘姚人，清乾隆46年（1781）秋履任鳳山縣阿里港縣丞，治績循善，士民額手稱慶；三年秩滿，至乾隆50年（1785）初離去。士民感戴，立碑頌德，即成本件碑記；首述呂岳德政，次述去思，末記港西里仕紳、商號、庶民諸姓名。碑文曾收錄於「明清碑碣選集」、「南碑集成」、「屏東古碑集」。按：前揭「嚴禁開賭強乞翳絡碑記」即係呂岳給示立石。[14]

圖6　里港南門

（四）南門簡介

「呂岳德政碑」下方為「南門門額」，「呂岳德政碑」背面則為「呂岳德政碑發現記」，其下方為「北門門額」。清道光15年（1835），阿里港庄總理藍見元號召鄉紳，建立東西南北共四座城門，至日治時期只剩南城門，但因昭和11年（1936）里港庄為拓寬道路，也遭拆除，

---

13 國家文化資產網站／里港鄉敬聖亭（2023/3/21查閱）https://nchdb.boch.gov.tw/assets/overview/historicalBuilding/20121203000001

14 國家圖書館／臺灣記憶／呂岳德政碑（2023/3/21查閱）https://tm.ncl.edu.tw/何培夫撰寫。

四座城門現在只留下兩個門額。[15]

（五）里港雙慈宮

　　是位於臺灣屏東縣里港鄉的一座媽祖廟，創建於1741年清領時期乾隆初年，漢人拓墾的阿里港聚落已形成市集，累積足夠的社會資源以興建莊廟。乾隆6年（1741）左右，創建天后宮。乾隆13年（1748）以後，天后宮擴建殿前天燈及左畔瓦店兩間。乾隆22年（1757）年，再買右畔瓦店三間。乾隆47年（1782）屋有十間，莊鄉生董建，廟額「雙慈宮」。日治時期昭和4年（1929）及民國56年（1967），兩度重修並增建後殿；民國110年（2021）將舊廟拆除重建新廟，民國112年（2023）完工。[16]

圖7　里港雙慈宮

15　吳庚元（2003）：社會生活與變遷志。載於陳秋坤、吳庚元（編纂），里港鄉志（頁319）。屏東：屏東縣里港鄉公所。

16　賴旭貞（2003）：宗教團體與寺廟分布。載於陳秋坤、吳庚元（編纂），里港鄉志（頁758-761）。屏東：屏東縣里港鄉公所。

（六）里港藍家發展史

清康熙六十年（1721年），廣東南澳總兵藍廷珍及族弟藍鼎元來臺征討朱一貴，朱一貴之亂平定之後，藍家安排一部分族人定居於此地，藍家遷台定居一世祖藍雲錦（藍鼎元長子）移民開墾阿里港（現稱里港鄉），「定玉田，建福德正神祠」，成為漢人拓墾屏北平原之肇始。藍鼎元家族長子自藍雲錦移居阿里港以來，在阿里港周圍大力拓墾，終於成為阿里港首屈一指的大墾戶。清朝時代，藍家共有二位四品官、一位五品官，儼然是阿里港地區最顯赫的家族，對地方事務有很大的影響力。

圖8　藍高川與辜顯榮、林熊徵於昭和三年參加昭和天皇登基大典時合影

藍家政商關係密切

里港藍家顯赫一時，與許多政商名人或有私交或有姻親關係。如藍高川與辜顯榮、林熊徵私交甚篤。前者曾捐助設置里港城城門，後者替基隆顏家

為藍家說媒;日本通商產業大臣山中貞則(前里港國小教師,1941-1945)據傳為藍家鼎義子;藍敏為徐永昌將軍之兒媳婦,並與首任臺灣地區空軍司令林文奎一家交好;藍敏之兄藍家精與何應欽將軍為至交;前屏東縣縣長,地方望族張山鐘之妻為藍鼎元八代孫藍奎,三子張豐緒曾為中華民國內政部長,長女嫁予前司法院院長戴炎輝,相關紀錄族繁不及備載,關係至遠的甚至有中華民國陸軍總司令、將軍孫立人娶藍家女侍美英為妻一事。

(七)藍家古厝

建造年代

　　藍家古厝的確切建造時間已不可考。一般相信藍雲錦於康熙末年朱一貴事件之後至雍正年間(1721-1735年)來臺。其中里港鄉永春村福德祠碑記

記載為雍正七年(1729);而其父藍鼎元於1733年逝世,藍雲錦守孝三年後,長居臺灣的時代應於乾隆初年(1736)。相關說法有藍家後代藍敏女士曾述,大厝據傳建於乾隆初年(1736)。保守的推斷,藍家大厝建造的年代應建於乾隆初年,或最晚不晚於乾隆20年(1755)。

圖9　藍家古厝

閩南式建築

　　藍家古厝原為傳統閩南式建築,主要建材都來自於福建漳州;藍家古厝目前的主要建築特色有三。其一:平面為四合院式,二廂及正堂屬於傳統的閩南式建築。其二:廊柱使用紅磚及水泥相間的橫飾帶形式。其三:古厝前有一大前院,其中有一小徑,兩旁綠意盎然,行走其間,恍如置身於清代與日治時代,一頁頁翻閱著藍家的輝煌歷史。

　　藍家古厝建基為九包五、二進式閩南燕尾式四合院，共一百二十門，藍宅除了前廳的主要活動空間外，兩側及後面均遍設廂房，整體呈凹字型。過去人口多，住在兩端的親戚往來，可以由貫穿的走廊通行，雨天也不擔心會淋到雨。

建築之藝術

　　第一進正廳曾在1923年改建成仿西洋歷史主義建物（藍高川改建），日式和風建築興建於正廳前，連接正廳後二進形成祭祀內埕，也是藍家後世子孫年度祭祖的所在。藍家古厝前院牆內凹環抱設計，正面主入口設置圓形花壇，中央亭廊「凸」出於兩側迴廊，也形成第一道接待空間，主入口仿傳統三關六開門樣式，中間圓形窗式則有藝術裝飾的式樣。中央山牆以勳章卷草泥塑裝飾主題，廊柱採愛奧尼克柱頭，左右拱式迴廊，有紅磚及洗石子兩種不同建材交互使用，做出了紅白相間橫帶紋飾，有不同裝飾和色彩、花紋，這是藍家古厝門樓的特色。[17]

六　屏東縣本土教育──社區踏查作法

屏東縣111學年度國民中小學本土教育整體推動方案──社區踏查記錄家鄉實施計畫[18]

目標

一、藉由資料蒐集、分組討論，探究家鄉議題，提升學生自主表達、思辨統整及媒體識讀素養。

二、經由課程方案實施歷程，孕育學生人文情懷，培養其公民意識及參與實踐能力。

17　維基百科，自由的百科全書/藍家古厝（2023/3/21查閱）https://zh.wikipedia.org/wiki。

18　依據：教育部國民及學前教育署推動國民小學及國民中學本土教育要點。教育部國民及學前教育署111年1月17日臺教國署國字第1110004247號函辦理。

三、學生運用本土語文進行社區踏查與訪談，紀錄家鄉歷史故事，或透過學習數位媒體工具，以文字、影像、聲音紀錄家鄉美好之人事物，提升學生本土語言能力及強化在地認同與人文素養。

四、推廣家鄉踏查教學活動設計，建立示範作用，透過教學活動讓學生認識家鄉的社區文化特色，有效地達到本土教育的目標。

實施方式

一、參加對象：屏東縣國中、小學

二、活動日期：112年1月1日～112年6月30日

三、活動內容：申請學校課程內容規畫可包含以下內容。

（一）主題式探究課程活動設計：透過跨領域統整性的學習課程，讓學生發現、探索、記錄家鄉故事，深入踏查家園豐富的生態、人文、歷史文化軌跡等，培養學生對在地文化的認同感。

（二）走讀家鄉──戶外教育自主學習課程設計：規畫以社區為學習場域的探索課程，帶領孩子們經由走讀或參與活動方式，與社區家鄉產生更深的連結互動。課程活動以學生為學習主體，透過探索體驗活動，體驗家鄉環境，建構社區鄉土情感，進而強化在地文化內在價值。

（三）田野調查：透過家鄉自然、人文環境考察，認識了解家鄉特色，包含家鄉資料的蒐集和記錄、家鄉耆老訪談、影音記錄等。學生透過主題式學習單等方式，紀錄所見所聞，也可透過相機或攝影機，拍攝家鄉文物、景像或人物，以「圖文並茂」的影音方式，呈現出家鄉自然、人文特色。

經費概算： 每校最高補助 3 萬 5 千元。

預期效益

（一）以學生為主體的課程活動，培養學生自主學習、分組合作，探

究家鄉議題，以強化學生鄉土文化素養，進而提升愛護鄉土的
參與實踐能力。

（二）學生透過與社區耆老或專業人士進行訪談溝通的過程及影音資
料的蒐集，提升學生本土語言能力。

（三）透過學習數位媒體工具，紀錄家鄉歷史文化、故事，完成記錄
家鄉的影音作品。

（四）彙集家鄉踏查教學活動設計，提供縣內學校參考，有效的達到
推動本土教育的目標。

申請計畫之各校內容說明

編號	校名	實施內容	備註
1	大成國小	1. 從老照片、老故事的對話認識屏東與家鄉。 2. 與耆老有約──忠勇祠管理員 　學校學區打鐵村與南豐村是客家聚落，在戰亂時代一群為保鄉衛國而犧牲的義民，也稱為忠勇公，忠勇祠及蓋在學校校地上，地方耆老為了興學，特地擲筊三個聖杯請求忠勇公遷廟蓋學校，可見忠勇公愛鄉護校育才之心。	
2	泰山國小	結合校本程主題──【美麗加蚋埔】、【活力旺旺來】了解家鄉人文、物產與生活的關聯。（泰山國小，前身高樹公學校加蚋埔分教場，大正11年1922年成立） 　位於屏東縣高樹鄉沿山公路185縣道旁的「泰山村」早先是馬卡道族聚落，舊名【加蚋埔】，光復後取寓東嶽泰山之意，更名為泰山村。因為嚴重的漢化，傳統的「趒戲」其語言多已不知意義，為保留面臨失傳的珍貴文化，學校與社區積極透過課程與文化復振活動，每年農曆十五在公廨廟廣場刺桐樹下舉辦的夜祭活動，是最具代表性的文化。	

編號	校名	實施內容	備註
		學校與社區希望透過課程與活動，讓孩子追本溯源，泰茶在地鄉土文化人文與物產環境，能了解、認同在地珍貴文化與豐富物產，建立與在地的情感連結，願意為在地的美好付出心力。	
3	滿州國小	「鷹探古今」（歷史文化）——恆春國語傳習所豬膀束分教場紀念碑（學校前身） 　　透過家鄉資料的蒐集和記錄、家鄉耆老訪談、影音記錄等，呈現出家鄉自然、人文特色，提升人文素養與生活創意。 一、完成40節統整性主題課程，讓學生記錄家鄉故事，留住家鄉美好的人事物，培養對在地文化的認同感。 二、帶領學生走讀以社區為學習場域的探索課程，完成資料蒐集及記錄，與社區產生更密切的連結與互動。 三、製作影音記錄1份，呈現家鄉自然、人文特色，並提供做為推廣本土教育之素材。	
4	恆春國小	「入縣城，甲大麵」，先請專家來上課，探詢恆春北門城牆古城走讀庄頭，恆春老街的歷史故事。（石碑譯文——恆春公學校，創校沿革誌紀念碑）	
5	富田國小	在地議題探究——透過自我反思與訪問家人，整理並提出對於內埔的想法與期待，再藉由認識投入在地的案例，進一步了解在地行動的重要性。	
6	仁愛國小	在地文化資產——走入日式宿舍中，認識屏東市日式宿舍建造歷史背景。（日本校長宿舍屬於屏東高等尋常小學校校長宿舍）	

編號	校名	實施內容	備註
7	仕絨國小	夢迴仕絨村——透過社區理事長帶領，踏查及資料查詢，了解仕絨村的發展歷史。（學校創校歷史）	
8	潮東國小	明興閣掌中戲探討——針對社區特色文藝資產，研擬撰寫原因及蒐集資料，訪問家鄉耆老並邀請他們到校展演，了解社區文藝特色，深入歷史文化軌跡，培養學生對在地文化的認同感。	
9	獅子國中	鄉內小學內獅國小（前身內獅頭公學校）學生運用本土語文進行社區踏查與訪談，紀錄家鄉歷史故事，及強化在地認同與人文素養： 1.傳統家名主題探究課程計畫說明。 2.傳統家名主題探究課程訪談問題大綱設計。 3.預定訪談內獅部落預計3場次。 以問卷訪談進行，每次兩位耆老。以族中雙語記錄整理（家名及聚落地圖繪製）。完成一部落傳統家名調查紀錄。	

七 結語——校史是鄉土教育的一環，認識校史走入社區了解在地

校史發展是鄉土教育的一環，可從日本治台日化教育政策在屏東國小教育的發展，來了解國語傳習所的由來及恆春乃屏東首學，並分出滿州國小等屏南的學校。而其他屏東縣中北部公學校的發展乃由鳳山國語傳習所之分教場發展出來，認識百年老校，並從里港國小校史介紹高樹、鹽埔、九如、土庫、載興、塔樓等分校成立及獨立，了解民國92年8月玉田國小新學校的成立。另外，針對日治以來學期制度變遷、教師名稱的演變、學校改名的故事做一說明，再延伸到「里港文史古蹟巡禮～從里港國小走到藍家古厝」，從

雪峰書院、敬字亭、呂岳德政碑、南門簡介、里港雙慈宮到藍家古厝，並簡介里港藍家發展史。最後，針對屏東縣本土教育──社區踏查作法做一分述，再分析今年提出申請的九所學校的特色：包括大成、泰山、滿州、恆春、富田、仁愛、仕絨、潮東等八所國小及獅子國中。讓大家對各校的發展有個初步的認識及了解鄉土踏查的內容及作法。

參考文獻

一　中文部分

（一）檔案資料

教育部國民及學前教育署（2022）：教育部國民及學前教育署推動國民小學
　　　　及國民中學本土教育要點。依據111年1月17日臺教國署國字第
　　　　1110004247號函。

臺灣總督府令（1896）。臺灣總督府直轄國語傳習所名稱位置。依據明治29
　　　　年5月21日府令第四號。

臺灣總督府檔案（1898）：臺南縣報。明治31年11月11日，告示第七十二號。

臺灣總督府檔案（1899）：臺南縣報。明治32年7月14日，告示第二十六號。

臺灣總督府（編）（1941）：臺灣總督府職員錄。臺北市：臺灣時報。

（二）書籍論文、報章期刊

百度百科網站／雪峰書院（2023/3/21查閱）https://baike.baidu.com › item

李秉穆（2014）。世紀的容顏：屏東縣里港國小百年發展史之研究（1900-
　　　　2003）。臺北：稻鄉出版社。

李秉穆（編）（2018）。鹽埔教育志。屏東：屏東縣鹽埔鄉公所。

李園會（1985）：國民教育政策之演進。南投：臺灣省政府。

吳庚元（2003）：社會生活與變遷志。載於陳秋坤、吳庚元（編纂），里港鄉
　　　　志（頁319）。屏東：屏東縣里港鄉公所。

國家文化資產網站／里港鄉敬聖亭（2023/3/21查閱）https://nchdb.boch.gov.tw/
　　　　assets/overview/historicalBuilding/20121203000001

國家圖書館／臺灣記憶／呂岳德政碑（2023/3/21查閱）https://tm.ncl.edu.tw/
　　　　何培夫撰寫。

臺灣省文獻會（1970）：臺灣省通志卷五教育志——制度沿革篇。臺中：臺灣省政府。

維基百科，自由的百科全書／藍家古厝（2023/3/21查閱）https://zh.wikipedia.org/wiki

鳳山國小網站／學校簡介（2023/3/21查閱）https://affairs.kh.edu.tw/4896/page/view/7

賴旭貞（2003）：宗教團體與寺廟分布。載於陳秋坤、吳庚元（編纂），里港鄉志（頁758-761）。屏東：屏東縣里港鄉公所。

二 日文部分

臺灣教育會（主編）（1939）：臺灣教育沿革誌。臺北：南天出版社。

吉野秀公（1927）：臺灣教育史。臺北：南天出版社。

淺談《美和村常民誌》的書寫

曾喜城[*]、曾瑋青[**]

摘　要

　　本論之旨在介紹屏東縣內埔美和村，一個傳統的客家農庄如何撰述村史。為了使內容淺顯，跳脫了「村史」較為學術的藩籬，改「常民誌」貼近常民生活的相貌書寫。

　　常民誌的書寫，當然需要建構在歷史的基礎上，所以常民誌也需要做歷史文獻回顧。田野調查是直接的觀察，尤其耆老及鄉野人物的口碑採訪，更不可或缺。當然圖像的判讀，有利於聚落地形水文，甚至聚落遺蹟的建構，也是常民誌書寫必要的功課。

　　結論附上建議，是我們撰述鄉村歷史，對家鄉衷心期待與祝福。

關鍵字：美和、常民誌、地方書寫

---

[*]　1949年生於美和村，地方文史工作者。

[**]　1969生於美和村，高師大客家文化研究所碩士，現任高雄市中小學客家母語薪傳師。

一　前言

　　屏東縣內埔鄉美和村是臺灣南部屏東平原東港溪畔的傳統客家聚落。清康熙22年（1683），滿清統治臺灣，依據日本學者伊能嘉矩《臺灣文化志》的研究，客家人於康熙26年間進入屏東平原東港溪沿岸開發，雍正年間已形成了中心崙和羅經圈傳統的客家聚落，日治大正年間將中心崙地名改為忠心崙延用至今。終戰（1945）後中華民國政府接收臺灣，實施地方自治，將忠心崙和羅經圈二個聚落合併為屏東縣內埔鄉美和村。

　　客家先民為什麼選擇中心崙和羅經圈定居呢？所以《村史誌》首先要描述美和村的地形和水文。然後說明曾、鍾、吳、賴、邱、利、徐、謝、陳、王、郭……等姓氏祖先，何時進入聚落開發，先民如何在聚落裡謀生發展經濟，待解決了衣食日常所需，除了聚落四周的福德正神伯公信仰，再蓋村廟「福德祠」春祈作福、秋報還福，居民終於能夠隨著一年春、夏、秋、冬季節的律動，過著安居樂業、養生送死的靜好歲月。美和村開庄迄今已歷300

內埔鄉地理位置圖
資料來源：參照google地圖，本研究繪製

圖1　內埔鄉美和村地理位置圖

餘年。不同的世代人才輩出，村史誌也將描寫地方人物，緬懷祖先的貢獻，也記錄現代村民的努力耕耘，綿延子子孫孫。

歸結美和村的特色：位居臺灣省公路邊，自古以來是交通要津。客家人勤儉耕耘，營建了飽富客家文化的伙房建築，村內從中小學到大學，甚至民國60~70年代美和棒球隊打響了國際知名度，可以說是美和村民的榮耀，願美和村民世世代代永續發展，真正成為永遠不會被世人遺忘的客家庄。

二 美和村的現況

美和村位於內埔鄉最南方的位置，北方為富田村、內田村，東北方為和興村，南方為萬巒鄉硫黃村、萬巒村及竹田鄉竹田村，西方為竹田鄉美崙村及二崙村。在清治時期屬於港西下里管轄範圍，日治大正九年後劃歸內埔庄（中心崙大字）。日治時期將中心崙改為「忠心崙」，日治時期的「忠心崙」大字包含竹山溝、忠心崙、羅經圈、牛埔下、茄苳樹下、下樹山及埤頭等聚落。

本村土地面積為2.4370平方公里，人口數約2,400餘人（2021年的統計數字），海平面西北角最高19.5m，至西面18.2m，最低在羅經圈僅13.3m。村界北方至萬丹路附近臨接龍頸溪排水；西面沿著龍頸溪排水蜿蜒；南面沿著東港溪河道，東至美興路，北至學人路一帶。土地坐落包括內埔鄉美和段及忠心崙段。土地使用編定類別多為非都市土地特定農業區、一般農業區及鄉村區乙種建築用地等。省道臺1線由408km至410km南北向縱貫本村。

本村境內有慈濟宮、五穀宮、觀音寺等佛道釋信仰宮廟及東西南北柵土地公（伯公）福德祠。毗鄰美和科技大學及美和中學至僑智國小一帶，店家及人潮眾多，屬於繁華區段。羅經圈聚落三面為東港溪河道環繞，西北岸為龍頸溪，景觀特殊，四維路經萬巒大橋通往萬巒鄉，羅經圈西南方有內埔鄉第三公墓。

圖2 從內埔鄉地形水文看美和村的母親河 　　圖3 美和村地形圖
　　　　（陳仁德提供）　　　　　　　　　　（陳仁德提供）

三　美和村常民誌書寫的動機內容

（一）書寫的動機

　　國有史，地方有志。旨在說明歷史志書的重要，不僅是人類文化歷史的傳承，也記錄了人類在區域中活動的過程與事蹟，讓人類了解生命的意義與命脈，使人們知道感恩與惜福。從人類歷史的紀錄，更讓人們知所警惕，所謂鑑往知來，昔孔子作《春秋》，亂臣賊子懼，所以史書如暮鼓晨鐘，指引著人生的方向。

　　人類進入21世紀，民主早已成為人類的普世價值。過去帝王時代，甚至威權時代，當然是由帝王或掌權者記錄歷史，這種由上而下的史書，不只忽略了常民生活的面貌，甚至也可能歪曲了史實，如今我們更需要由下而上來記錄歷史。臺灣實施民主化已獲得豐碩的果實，學界早於1990年代興起了全民寫歷史的運動，由社區居民共同來寫歷史，如今已經蔚成為臺灣實施社區營造的風潮。1998年陳板出版《大家來寫村史》，2003年起彰化縣政府開始

徵集彰化縣588村里寫村史的計畫，可以視為臺灣全民寫村史的風潮，迄今方興未艾。臺灣客家庄有豐厚的客家文化，為客家庄寫村史更是刻不容緩。

　　曾喜城（1949-）、曾瑋青（1969-）出生在屏東縣內埔鄉美和村，有感於為自己的故鄉寫村史是刻不容緩的使命。如何號召村民口述村庄的歷史故事，並詳實的記錄常民的人生故事，實踐全民寫村史的理想，其目的歸納有六：

（一）紀錄先民移墾，開發聚落的史實，使當代村民及未來子孫皆能回溯家鄉的歷史，從歷史美學的生活經驗，激發愛護家鄉的心願。

（二）從先民祖先辛勤的奮鬥經驗，感恩祖先的恩德，學習祖先守護家園的信念與決心。

（三）藉村史訪談經驗，召開村民寫歷史座談會，達到全民寫歷史的理想，也是社區營造，村民共同關心村庄公共事務的起點，是社區營造的理想目標。

（四）尋找村庄的傳統客家特色，作為村庄未來產業發展的路徑，村庄的文化故事，經由文史藝術的創作，探討村庄文化產業的創造與發展。

（五）藉由村史的寫作，建構客家聚落、伙房建築、宗祠歷史建築及客家傳統民間習俗的臺灣本土客家文化的知識體系資料庫。

（六）計畫主持人曾喜城為大學退休教師，並有多年從事《枋山鄉志》、《內埔鄉志》、《麟洛鄉志》編纂計畫經驗，帶領年輕一輩的村民，共同主持人曾瑋青，國立高雄師大客家研究所碩士，深入村庄民間撰寫村史，達成經驗傳承的使命。

（二）書寫的內容

　　從1933年羅香林教授發表《客家源流》迄今，中西學界幾乎認定：客家原係黃河流域中原地區漢民族的一支，因為戰亂避禍，或擴展延續生命的版圖，不得不南遷長江流域。尤其自南宋至明朝，大量的客家人定居在中國南方的粵東，閩西和贛南，並形成了「客家民系」，即所謂「客家族群」。從文

化人類學的角度，族群必須具備四個要素；一是血統、二是語言、三是生活習慣、四是客家認同。屏東縣內埔鄉美和村是臺灣南部傳統的客家聚落，祖先300多年前由粵東移墾到東港溪畔建立了新的故鄉，日久他鄉也早已成為現在美和村民的故鄉。美和村雖有少部分與平埔族馬卡道人或福佬人通婚，但迄今村民絕大部分還是典型的客家血統，居民從小至終老說流利的南四縣腔客家話，村庄四境的伯公信仰，中心崙大廟主祀福德正神是開基土地公，羅經圈庄大廟「五穀宮」主祀神農大帝，客家人傳統上稱神農大帝為「老先生」。美和村的大姓曾氏，以及邱、謝、利、吳、徐、陳、王、郭……等姓氏，清康熙、雍正年間移墾定居，形成「集村型」的傳統客家聚落，村民從年初的過年，作福拜新丁，中元普渡，到年尾的還福及冬至，可以說春夏秋冬隨著季節的律動，過著客家人的生活。更可貴的是傳統的客家伙房建築，堂號棟對展現出濃厚的客家文化。當然現今的美和村也有少數族群遷入或通婚，但都也耳濡目染客家語言和文化認同，形成了全村客家人濃厚的客家文化生活。

美和村中心崙與羅經圈的客家祖先是什麼時候開始進入、開發、形成聚落呢？300餘年的客家移墾故事應該非常有趣，或許我們可以說康熙26年以後已經有祖先來開墾，古籍說「客子」春去冬回，一直要到雍正年以後，到乾隆初期，才由移墾到定居的社會。清光緒年溫仲和的《光緒嘉應州志》記載：雍正年間嘉應州鎮平縣令（今廣東蕉嶺縣）魏燕超因鎮平山多田少，連年旱災，盜匪橫行，縣令稟奏朝廷，允准縣民渡海來臺，移墾下淡水溪平原。這一歷史溯源，正足以說明美和村民祖籍大部分由廣東鎮平渡海來臺，迄今可以由各姓伙房的祖先神位得知來臺祖的來臺時間，甚至來臺祖的墳墓埋葬何處，300餘年來幾乎歷歷在目，印證了美和村聚落的開發歷史。

祖先又為什麼選址於此開墾，然後安居樂業呢？這需要從美和村地形水文加以敘述。屏東平原東方是海拔3000餘公尺的大武山，經沿山地帶今所謂的潮州斷層，至內埔西南境東港溪畔，今之客家聚落已是海拔30公尺以下的平原。先民開發一定會尋找水源，東港溪及隘寮溪提供了終年不盡的水源，隘寮溪的支流龍頸溪蜿蜒流進內埔鄉境，在今美和村西境流到羅經圈匯入東

港溪，這正是美和村形成客家聚落的有利資源，正好提供給善於農耕的客家人有利的生活條件。中心崙聚落的名稱，崙者高而平坦之地，不會被水淹之苦，其旁又有隘寮溪的支流龍頸溪匯入東港溪，另一東港溪的支流大濫圳流入村庄的中心，絕佳的風水寶地，正好成為客家晴耕雨讀安居樂業的穩定社會。龍頸溪為今竹田鄉和內埔鄉的交界，今竹田鄉有頭崙，二崙係指客家先民開發的聚落的先後，幾乎同時開發的中心崙正好在各鄰近聚落的中心地帶，故舊名中心崙庄（日治大正年改忠心崙）。美和村另有羅經圈聚落，是因地形圓如羅盤，中有道路如經緯線而得名。

先民開發了中心崙和羅經圈聚落，如何謀生發展經濟呢？客家是善於農耕的族群，加上水源充沛、日照充足，發展出豐收的二期稻作，和間作豆類作物。至於傳統手工產業釀造醬油、炸黑麻油、做豆腐、染布業，泥水木匠業都在村庄出現。客家人重視讀書，清代的大學生曾應龍是清咸豐三年（1853）六堆第七任大總理，曾作霖（1863-1935）漢學家以至近代名醫徐傍興博士（1909-1984），世界作曲冠軍曾興魁教授（1946-2021），多位校長、大學教授及中小學教書先生們，正足以說明美和村人才輩出。紀錄美和村的先賢及現代人物，可以從各姓伙房加以介紹，尤其以人物故事鋪陳的描寫，以完成常民誌的說故事書寫風格。

客家人安居樂業以後，必定營建村廟，以民間信仰安頓村民的心靈，表徵了人神鬼三界觀的和諧人生。婚葬習俗及歲時節慶都有說不完的故事，最後歸結到美和村的特色，伙房建築是村庄的亮點，民間的知識體系，再造文化產業的永續發展是我們這一輩村民的責任。

總結美和村常民誌內容，包含了聚落的地形水文、聚落開發的歷史故事、居民的經濟生活、民間信仰與歲時節慶、生命禮俗故事、地方人物的故事，以及村庄的特色與未來的發展。

四　美和村常民誌書寫的方法

美和村常民誌的編纂，研究方法包含文獻參考和田野調查，並收錄耆老

訴說的常民故事，藉由村民座談與發表會，形塑村民的歷史記憶，真正實踐村民寫故事的理想，在撰述過程也重視古文書及老照片的收集。

（一）文獻參考的回顧

有關「六堆」客家文化方面，主要的參考文獻有清代的方志，如《鳳山縣志》、《重修鳳山縣志》等。民國60年代鍾壬壽編著的《六堆客家鄉土誌》，是第一本較有系統研究六堆區域的資料，極具參考價值。有關「六堆」組織，起始於西元1721年朱一貴事件，是「六堆」民兵組織的開始，相關的研究以藍廷珍的《東征集》以及《平台紀略》為主。

客家人究竟何時入墾屏東平原？林衡道《鯤島探源》認為西元1683年滿清統治臺灣，客家人即沿著東港溪入墾屏東平原。林正慧《六堆客家與清代屏東平原》則認為，日人伊能嘉矩《臺灣文化志》以康熙25、26年入墾屏東平原比較正確。伊能嘉矩的說法比林衡道的說法僅慢了5或6年，以移民史的觀點來看，其間差距不大。藍鼎元《平台紀略》謂：「廣東饒平、程鄉、大埔、平遠等縣之人赴臺僱傭佃田者，謂之客子。每村落聚居千人謂之客庄。」黃叔璥《臺海使槎錄》謂：「新東勢、檳榔林庄，為康熙61年（1722）立石為界的地點。」藍鼎元《東征集》謂：「檳榔林在平野曠土中，杜君英出沒莊屋，久被焚毀，附近村社，人煙稠密，星羅棋布，離下淡水營內埔莊汛防不遠。」迄西元1721年朱一貴民變，黃叔璥的《重修鳳山縣志》引覺羅滿保〈題義民效力議敘疏〉謂：屏東平原的客家聚落早已形成「十三大庄，六十四小庄」的規模。以上的文獻是以說明內埔庄的開發情形，可以應證中心崙和羅經圈的開發成庄。

林正慧1997年台大歷史系的碩士論文《清代客家人拓墾屏東平原與六堆客庄之演變》蒐羅許多典籍史料，以及猶他家譜學會收集的《臺灣族譜》，以史料詳加考證，是研究屏東平原客家聚落開發與變遷的佳作。林正慧歸納客家人由原鄉渡海來臺的因素有三點：第一是原鄉山多田少，謀生不易；第二是原籍人口日增，已無生存條件；第三是天災為患，民生困難。林正慧引

黃釗《石窟一徵》卷三〈教養〉謂:「鎮人以地窄人稠,多就食於臺灣,而海防例嚴,苦無以渡。邑令魏公燕超請於上官,并移咨閩省,准鎮人給照赴臺灣耕作,每歲資人無數。」蕉嶺人感念魏公幫助鎮人移居臺灣,在縣城北門外觀音堂立像祭祀,至光緒年移祀桂嶺書院文昌閣西龕。這一史料,或可說明為何屏東平原,尤其內埔、萬巒、麟洛、竹田、長治等客家先民多數是由蕉嶺(鎮平)來臺,從客家伙房棟對記錄的祖籍地可見一斑。

西元1899年《臺南縣誌》描述下淡水客庄的開拓史,日治昭和年間松崎仁三郎《嗚呼忠義亭》對於「六堆」的組織,以及西元1721年朱一貴事件、西元1786年林爽文民變,「六堆」如何「出堆」有清楚的描述。

晚近對於「六堆」客家的研究,主要由鍾壬壽於1973年編著《六堆客家鄉土誌》為始,鍾著主要參考羅香林1930年出版的《客家研究導論》而來,另外增加了耆老訪談及實際的田野調查,對「六堆」客家研究頗具貢獻。六堆文教基金會2001年編纂的《六堆客家社會文化變遷之研究》,依據以往研究的成果,如陳秋坤、簡炯仁、李文良……等學者對六堆歷史做出具體的研究成果。晚近客家學(Hakkaology)已蔚為顯學,海峽兩岸的學者都投入相當多的研究能量,成績頗有可觀。臺灣方面,自從民國80年代起,國立大學成立了客家研究所,也有許多對六堆地區客家文化研究的碩博士論文,頗具參考價值。作者2022年編纂《內埔鄉志》以便收錄內埔地區近幾年相關的國內碩博士論文60幾本,今存內埔鄉圖書館收藏,可供研究參考。

文化資產是文化具體的呈顯,臺灣從1982年頒布《文化資產保存法》,迄2005年已做了5次修訂。我國文化資產的內容包含:1.古蹟、歷史建築、聚落;2.遺址;3.文化景觀;4.傳統藝術;5.民俗及有關的文物;6.古物;7.自然地景;可以說是文化資產研究的細目。行政院文化建設委員會於2005年12月出版《文化資產法規彙編》,是文化資產研究簡明扼要的工具書,也提供給村史研究撰寫,收錄在地文化資產內容的參考。

從「六堆」已有的研究,探討「後堆」內埔的美和村,歷史回顧不可或缺。至於內埔客家聚落外的「牛埔」上百年的古墓,學界迄今較少做調查研究。古墓牽涉的風水墓葬,則參閱林敏如(2014)《六堆客家傳統造葬之作

法與墓體空間意涵——以內埔、竹田為例》。有關風水理論的書籍，坊間的書刊已汗牛充棟。曾晨安（2012），國立臺北藝術大學建築與文化資產研究所的碩士論文，撰寫《巒頭派風水典籍《撼龍經》之研究》，對客家巒頭派風水研究已有了演繹和歸納的整理。曾喜城、林敏如、羅秋珍《後堆內埔古墓田野踏查》（2015）是研究內埔美和村客家聚落開發，來臺祖定居美和村形成客家聚落的活化石。

有關清代屏東平原的開發，簡炯仁（1997），《南臺灣屏東平原的開發與族群關係》對內埔地區馬卡道族與閩漢關係提供了重要的線索。林正慧（2008），《六堆客家與清代屏東平原》以及李文良（2001），《清代南臺灣的移墾與客家社會》，對六堆內埔鄉聚落的開發及面臨的問題有詳實的研究。黃瓊慧（1996），《屏北地區的聚落型態，維生活動與社會組織》（台師大地理系碩士論文）對老地名與聚落開發社會組織做了系統的研究，臺灣文獻館收集全省各地的碑碣文字也值得參考。

日治時期（1859-1945）臺灣總督府的文獻史料，以及《日日新報》，民間地契等是研究地方志書的第一手資料，現存中研院台文所、國立臺灣圖書館，及臺中文獻館，提供吾人需要對內埔史料進行爬梳整理的材料。

（二）田野調查規則與圖像判讀

鄉村是指人類群居之地，通常以一個地理區或社區為範圍，人可以面對面接觸的小社會；在英文（village）的定義中，規模通常略大於村庄，而小於市鎮，與集鎮類似。鄉村史寫作的角度不會比國家史要少，國家有的村庄就有，國家會發生政黨競爭，社區就會有派系糾葛。鄉村史的主題是多元的，正如國家史可以從產業史、經濟史、政治史等不同角度切入，鄉村史也可以從廟宇、伯公教堂、地景、老樹、植物等面向切入。國家史有斷代史，鄉村史也能寫各時期的社區史。而且村史是一種不斷變動、不斷改變發言的歷史陳述。也因此，不同的時代、不同的詮釋者將會看到不同的歷史意義。除了以上，文物、史蹟、碑碣、家庭收藏、書信、老照片、日記、帳冊、書

契等等，都可能述說著不同的地方記憶；甚至一塊磚瓦、一株老樹都可能是社區史的體現。

　　為了完成美和村常民誌，研究者除了收集相關的歷史文獻、聚落變遷、環境生態、地形水文、鄉內人文藝術及地方人物等文獻加以比較分析。最主要的田野調查則需要走訪村落踏查，並訪談地方耆老、鄉土故事、人物軼事、文物藝術。所以書寫村史的主要研究方法，除了文獻參考也將包括：1.田野調查及耆老訪談；2.圖像判讀；3.老照片徵集。再綜合比較撰述村庄常民誌。

1　田野調查及耆老訪談

　　田野調查是來自文化人類學、考古學的基本研究方法論，即「直接觀察法」的實踐與應用，也是研究工作開展之前，為了取得第一手原始資料的前置步驟。「田野調查」原文field study或field research，其中field直譯為「田野」，亦即所有實地參與現場的調查研究工作，都可稱為「田野研究」或「田野調查」。田野調查涉獵的範疇和領域相當廣，舉凡語言學、考古學、民族學、行為學、人類學、文學、哲學、藝術、民俗等，都可透過田野資料的蒐集和記錄，建構出新的研究體系和理論基礎。因此田野調查是執行研究計畫一項不可或缺的方法，更是研究者進入研究場域，發現研究核心課題的工具，是研究工作要善加應用的利器。只要從事實務性質的教學與研究工作，都可能需要透過實地的田調工作來達成目的。所以田野調查的功能，不論是從事文化保存工作、地方文史研究，甚或於中小學教學工作等，皆可運用。田野調查是要到現場實地記錄與工作，而這些記錄成果更是可以帶回來研究的資料，或再次轉換成為研究展示的成果，這種透過田野調查的實地採訪和記錄，便是第一手的寶貴資料。

　　日本學者上野合男（1987）《民俗調查手冊》認為：「民俗學是以各地傳承的生活習慣為資料，究明地方人生活變遷的學問。民俗調查是透過民俗行為的調查，以探討傳承者行為背後的邏輯與心意為目的。民俗資料是傳承者透過解釋而得到的東西，並非絕對客觀，問題意識是民俗調查中最重要的

事，根據問題意識才擬出調查的發問項目。但是根據紮根理論，也可以在調查過程中才發現問題與決定課題。」

　　另一日本學者柳田國男（1875-1962），提示民俗理解的順序有3項：

　　第1、「眼觀物」，係指有形文化的蒐集與整理。
　　第2、「耳聽物」，係指言語藝術的訪查與錄音。
　　第3、「心照物」，係指細心觀查心意現象的體認。

　　而日本千葉大學教授宮崎清則提示田野調查5大要項：「人、文、產、地、景」。此外學術界有「田野調查四部曲」之說，即「無心、放下、映照、靈動」。一般而言，「田野調查」順序如下：

（1）確立研究的目的，選定適當調查地。
（2）訪談與問卷的搭配，質化與量化的互補。
（3）先與行政部門如村長、教育單位（如校長）等商量，並請提供資料後才進入田野調查，事先可以的話先取得統計資料。
（4）盡量拿著地圖仔細走，一方面把握景觀特點，另一方面仔細觀察民俗現象。能否預見優秀的報導人，是田野調查成敗的關鍵。

以上皆是村史寫作於「田野調查」時可以參考與實踐的步驟與方法。

　　就鄉村史而言，年長前輩腦海裡的記憶是相當重要的題材之一，因為許多的經歷和所知道的故事。這種社區上下代之間記憶的交換，對社區或家族情感凝聚，也會有良好效果。耆老及部落訪談則將田野調查所得，建構更正確的鄉村人文、耆老故事、民俗藝術，並探討未來鄉村產業發展的新魅力。

　　田野調查的工作，先由研究者二人共同研讀文獻參考資料後，再進入美和村作田野調查，訪談地方耆老、鄉民代表與村長、文史工作者等地方人士，多方收集資料，錄音攝影再以文字呈現，並經公聽會審查後定稿。

2　圖像判讀

　　在研究城鄉的聚落變遷，對於土地使用相關資料與圖籍是否能順利取得，影響著研究的進行，也關係到研究聚落變遷的廣度與深度。本研究試著以不同時期的地理圖資，建置聚落土地使用資料庫與分析。說明內埔地區結構變化的情況，所以必須透過圖像資料，呈現各時期的空間結構。圖面以日治昭和年間的《臺灣堡圖》、二戰時期的《航照圖》為主，以現代的《行政區域圖》、《地形圖》為輔，並配合不同時期圖貌回顧鄉村聚落發展的脈絡。

　　圖像資訊主要來自文獻地圖的取得，文獻地圖以清代、日治以及民國等三個時期的地圖為主。清代主要以輿圖為主，可以還原最初開發的聚落分佈的狀況。另外《台灣鳥瞰圖》一共收錄臺灣早期鳥瞰圖27張，及相關的老照片、明信片近300張、日治時期郵戳、風景戳、州徽、市徽等珍貴難得的收藏，並依當時行政區分成25個主題。其中有鳳山鳥瞰圖，包括介紹該區地形、氣候、物產、交通、名勝古蹟等，另有開拓史的深入描述，及老照片的詳細解說、印製年代、繪者生平記載，既是地圖集，又是當時最具代表性的生命剪影，取其相關內容可讓觀賞地圖之餘，能有實景重現、身歷其境的悸動。

圖5　潮州郡內埔庄俯瞰圖（資料來源：昭和10年〔1935〕金子常光繪）

3 照片的徵集

照片可以反應時空的變遷，研究者也希望透過美和村老照片的收集與詮釋，可以讓每個人的心情感受都不同，將這樣的呈現視之為一種歷史旅行，想像自己穿越了時空，回到一百年前的村庄，隨著照片及文字，去體驗美和村這塊土地的過往的歲月，也了解當時的社會風貌。

圖6　美和村近況空照圖（資料來源：2021年10月研究者拍攝）

五　結語

美和村是一個傳統的客家農村聚落，依照中心崙大廟建築紀念文的記敘，清康熙雍正年開庄，然而從實際的田野相查，曾氏大姓卻明顯為乾隆年間來臺定居，從移居到定居的歷程，也要經過近百年的歷史過程。

屏東平原「六堆」地形水文的環境，是足以發展為晴耕雨讀的傳統客家農村。在歷史的長河裡，美和村雕塑了客家傳統信仰的民俗文化，值得書寫留待後人做為歷史研究材料。從近一甲子的歲月，也還可以讀出客家人重視子女教育的常民人物，海平路出現了：清咸豐年六堆第七任大總理曾應龍先賢。

近世代的徐傍興博士（1909-1984），曾紀恩（1922-2012）棒球和練，曾

（1946-2021）世界作曲冠軍，都是享譽國際的知名人士。加上全村處處可見飽富客家文化的伙房民居建築，這些都是村史常民誌值得書寫的材料，也都是曾經或是現在還居住在美和村向村民的榮耀，只是現在的村民是否還有榮耀感呢？這或許也是我們二位村史常民誌撰述者應該勇於負責的使命吧！

參考文獻

曾喜城（1999），《臺灣客家文化研究》，臺北國立中央圖書館臺灣分館。

曾喜城（2022），《內埔鄉志》，屏東縣內埔鄉公所。

莊永明（2021），《台灣鳥瞰圖》，臺北遠流出版公司。

曾喜城（2022），《走讀六堆客家傳統建築》，屏東三間屋文化工作坊。

屏東縣屏東平原鄉土文化協會編撰（2003），《美和村民寫歷史》。

跨領域的地方學實踐：屏科大地方創生與永續設計跨領域學分學程

周宛俞[*]

摘　要

屏東地區位處臺灣國境之南，屬於臺灣重要的農業區域，同時擁有豐富的自然產業和文史資源，因此，屏東學研究對於了解臺灣的多元文化和區域特色具有重要的價值。「地方創生與永續設計跨領域學分學程」是屏科大回應技職大學之社會責任，著重於地方學與地方創生的在地實踐。以設計思考、問題導向和永續發展為課程主軸，跨領域涵蓋環境設計、創生翻轉、社會參與、經營體驗四大範疇，匯集各科系學生共同參與，培訓學生可以跳脫自身專業觀點，透過多元領域協作，從多個角度投入地方文化傳承保護，地方產業發展和環境改善。

　　本文檢視此跨領域學程的推動歷程和實踐效益，其歷程包含：跨領域師生整合、多層次課程配搭、以及理論與實踐場域建構；而所觀察到的效益則是突破本位思考、提升自主學習、實踐創意解方與促進地方認同，此學程促使參與的師生有更深刻的地方鏈結，理解在地文史和社會背景，同時也增進學生的實踐能力和社會責任感。此過程可為屏東地方創生與地方學發展提供更多元的研究基礎和實踐經驗，同時也可以促進大學與地方社區的交流和合作，發現在地優勢和潛力，進一步協助勾勒地方的發展願景。

關鍵字：跨領域學程、地方創生、永續設計、大學課程

---

* 　國立屏東科技大學景觀暨遊憩管理研究所副教授。

一　前言

　　地方學對於區域在地發展具有重要意義，其關注社區居民的參與和治理，促進在地產業經濟和文化的發展，同時重視環境美質和永續生態。臺灣近年來多以由下而上的社區營造和民眾參與為基礎，透過社區資源盤點、工作坊、座談說明會以及社區人才培力……等方式，來達成共識並逐步推動地方發展。「社區總體營造」一詞首見於1994年，由文化部前身的文化建設委員會所提出，著重共識培養及民眾參與公共事務的能力，爾後，2003年行政院提出「新故鄉社區營造計畫」，將社區營造正式納入九個部會的業務，2005年的「臺灣健康社區六星計畫」則再擴大至13個部會，共60項子計畫，社區營造有資源挹注協助，也帶動社區工作與地方學在各個層面（包含：文化、產業、地景、生態……等）上的蓬勃發展。更此，行政院宣示2019年為臺灣地方創生元年，定位地方創生為國家安全戰略層級的國家政策，以過往社區營造的基礎為本，結合新創振興地方產業，增加就業機會，希冀逐步促進島內移民，以改善城鄉人口不均和發展不平衡的問題。

　　筆者早年在業界即投入地方學與社區營造，參與過地方文化館設立、社區規劃、商圈營造……等專案推動，然縱觀已發展近30年的地方營造，可長期積極投入地方發展的社區工作者，仍多為退休返鄉人士或是在地高齡者。雖近年來許多政策鼓勵青年返鄉，但青年參與地方創生事務的比例仍是偏低，追根究柢是青年缺乏地方學知識，也不熟悉進入地方場域的方法和技巧，或是認為自身所學與創生發展議題無關而不願意參與。是故，如何讓青年族群產生在地意識，對地方學產生興趣，並願意留鄉投入創生事業，將是臺灣下階段推動地方創生的重要議題。爰此，筆者於2016年起開始將地方營造概念帶入大學環境設計課程，以社會設計觀點鼓勵青年學子開始關注所生活的社區，然實際推動社區場域設計之時，即深刻體驗大學端欲培育青年學生具備地方營造的知識與技能，需透過跨領域的整合與在地實踐，才能落實臺灣地方創生的青年留鄉、均衡城鄉差距的目標。適逢2018年教育部推動高教深耕計畫，關注高等教育的跨領域發展，筆者將上述的經驗與構想，針對

地方創生不同面向，進一步整合跨學院跨學科的課程，在屏東科技大學推動「地方創生與永續設計跨領域學分學程」，希冀透過本學程可匯集不同科系學生共同參與，培訓學生跳脫自身專業觀點，以多元領域協作方式投入地方創生實踐。本文主旨在於分享這五年來「地方創生與永續設計跨領域學程」的推動歷程，也進一步探討其成果效益與發展限制。

二　地方學、地方創生與大學社會責任

（一）地方學與地方創生

　　臺灣隨著社會變遷與醫療衛生的進步，生育率與死亡率雙雙出現下降的趨勢，整體人口結構快速趨向高齡化，依據聯合國定義，65歲以上老人占社會總人口比率達7%者，為高齡化社會（aging society），達14%者為高齡社會（aged society），達20%者為超高齡社會（super-aged society）。根據內政部戶政司的統計數據，臺灣已於民國1993年起成為高齡化社會，老年人口比率達7.1%（149萬801人），2018年轉為高齡社會，老年人口年齡結構快速高齡化，2020年臺灣的人口首次出現負成長，也就是死亡人數超過出生人數。僅有約16.5萬人在當年出生。此外，目前六都人口占總人口比率約70%，2020年內政部統計通報顯示，2014年至2020年人口淨遷入數以北部地區為主，中部、南部及東部地區則呈現人口淨遷出較多之現象，青壯年人口不斷流往都會區，鄉村產業勞動力不足，城鄉發展差距逐漸擴大，區域均衡問題值得重視。

　　少子化、高齡化、地方青壯年人口外移、城鄉發展不均，是亞洲幾個國家共同面對的問題，而發源於日本的「地方創生」，可作為這個時代問題的對策，其目的即在避免人口減少可能產生的「地方消滅」和「都會極化」等現象（增田寬也，2019），著重於產業經濟振興與地方事業發展，創造更多在地就業機會吸引人口移住，以達區域平衡（木下齊，2018）。2015年地方創生概念在日本出現後，2019年也在臺灣開始推動，政府更將其定位為國家

安全戰略層級的國家政策，藉由推動地方創生，避免上述狀況持續惡化，期望各地能找尋並培養自身需要的產業，使青年人口逐漸回流，達到「均衡臺灣」的目的。

研究日本地方創生與地域共生政策的黃志隆（2021）指出，無論是社區營造或是地方創生，長期永續經營地方的方式仍須回歸探討地方認同、社區參與和互助團結，顯示可以強化地區居民與利益關係者彼此認同互助的地方學，仍是地方發展的根基。臺灣地方學的興起，受到臺灣政治解嚴、地方歷史認同度提升、地方自主性增加與科技資訊進步的影響（中華民國社區教育學會，2018），其中融入臺灣本土化與社區營造精神，對於在地文史、經濟、社會和產業等方面進行全面的探究與理解，多年來的推動也促進了臺灣在地化認同。

而地方學與大學教育結合更可體現多方面的效益，透過學術調查研究分析當地現況，扮演地方智庫的角色，幫助在地社區彙整當地資源、發現潛在問題和挑戰，並提供相應的解決方案（張奕華等，2020）。學生參與地方文史調查和社區營造，可提供彈性人力和創新思維，強化當地資源管理和文史特色，並轉化為能促進在地創新和產業發展的機會；而學校方面則可提供平臺資源，讓不同團體共同探討社區議題、共同解決問題和推動當地發展。而這也是大學端得以積極參與地方學研究和地方創生事務的利基，為當地的發展提供研究、技術、人才與平臺支援，推動區域發展和創新。

（二）大學社會責任

而地方學與地方創生的結合在大學端如何加以實踐？大學社會責任（University Social Responsibility, USR）或是回應此種實踐需求的答案。梁鎧麟（2020）認為大學社會責任計畫可被視為一場大學實踐地方學的睦鄰運動，不同於以往的產學合作多著重專業技術媒合於產業界，大學社會責任計畫反其道而行之，強調回歸「關注在地需求」，將學術與課程轉化為實際行動，投入在解決社會問題、促進社會公義及提高社區福祉的目標中，透過學

校團隊的專業知識與課程導入，與當地社群組織協力合作，發展可滿足當地需求的方案；同時在實踐過程中，學生在學期間就能更貼近當地需求，接觸當地議題，並結合學術與實務降低學用落差，讓所學知識更能融入解決實際問題，同時促進學生在地認同，培育願意持續深根地方的青年人才。

增田寬也（2019）在《地方消滅：地方創生的理論起源》一書中提到，日本地方創生推動人才支援系統包含三大方案，分別是地方創生人才支援制度、專業人才事業和地方創生學校。地方創生人才支援制度及專業人才事業支持方案係由政府補助返鄉青年與在地創新事業人才，支持他們的基本收入，以創造更多地方就業機會。而相關人才的培訓與養成則落在地方創生學校上，透過實體或線上的多元課程，讓返鄉或留鄉青年們習得地方創生相關的能力，例如：社區營造、振興在地產業與創新創業，而日本高等教育的「大學社會責任實踐」就扮演了部分地方創生學校作為知識中心和人才培養的任務與角色（譚君怡，2022），其中包含：發展地區導向的全校必修科目、新設地方創生相關學系、開設跨領域地方創生學分學程和連結在地就業的企業實習課程，透過課程革新，引導學生投入參與在地創生實踐。

楊正誠（2019）探討國內外大學社會責任之發展趨勢，認為大學的社會責任有兩大核心，分別為「在地連結」和「人才培育」。在地連結方面，大學應該關注地方學來了解當地需求，並透過人文關懷來幫助解決當地的問題，同時識別區域或在地特色發展所需與未來願景，此外，大學還可整合相關知識技術和資源，促進新知識的運用來帶動當地成長。人才培育方面，大學應該鼓勵教師帶領學生，透過跨領域、跨科系和跨校的合作結合政府相關資源，以產學合作方式來培育當地人才、促進青年就業或創業，從而為當地創造經濟福祉（熊慧嵐等，2019）。

從上述可知，以大學社會責任實踐精神推動跨領域實踐課程，將是回應現今臺灣地方創生與社區營造需求的主要模式，大學端結合地方創生場域，搭配以地方發展為主題之課程或學程，來讓師生透過在地實踐探究地方特色與資源，進而透過社會設計思維來提出方案，培育創生人才之同時亦協助地方解決所面臨的議題。

三　跨領域學程的發展推動歷程

（一）推動背景

　　根據2019年內政部統計通報，臺灣的老化指數（老年人口數與幼年人口數之比）由2009年底65.05逐年上升至2017年2月起破百後，2019年底續攀升至119.82（即每百名幼年人口所當老年人口為119.82人），十年來增54.77。而南臺灣三縣市之人口現況如表1所示，其人口自然增加率（出生人數與死亡人數之差）均為負值；扶老比、老年人口比率與老化指數（老年人口數與幼年人口數之比）比率也都高於全國平均（119.82，即每百名幼年人口所當老年人口為119.82人），顯示擁有較多農村人口的南臺灣，其人口老化情況嚴重。雖然政府已開始專注並投入相當的資源推動地方創生政策，也有許多創新社會企業與青創事業進駐鄉村與部落地區深耕，但仍面臨極度缺乏社區營造、永續城鄉環境規劃與產業創新人才的問題。

表 1　南臺灣三縣市 2019 年之人口老化情形

人口＼縣市	全國	臺南市	高雄市	屏東縣
人口自然增加率（％）	0.06	-1.93	-0.86	-4.41
老年人口結構比（％）	15.28	15.73	15.81	17.23
扶老比（％）	21.23	21.79	21.85	23.84
老化指數	119.82	130.09	133.50	163.81

（資料來源：內政統計通報，內政部統計處）

　　屏東科技大學位於屏東平原與大武山系交界，其學術專業發展涵蓋食農健康、農企經營、環境生態與休閒產業，近年來更積極納入「聯合國SDGs」永續發展指標，正可由永續環境與社會設計之問題解決導向開始，以「里山（Satoyama）」、「里海（Satoumi）」及「里地（Satochi）」的概念，

發揮大學社會責任，回應臺灣鄉村高齡化、青年人口流失、部落自主與環境保育等議題。配合2018年教育部推動促進多元發展的高教深耕計畫，以筆者所屬的景觀暨遊憩管理研究所（景憩所）為推動核心，參考日本大學社會責任實踐模式（譚君怡，2022）規劃推動「地方創生與永續設計跨領域學分學程」，針對在地實踐場域，整合跨院系的課程，提供多元跨領域專業訓練與系統性實作培訓，增進學生對目前鄉村發展問題的意識及行動力，培養跨領域社區設計與經營人才，投入地方創新產業，用設計與創意翻轉地方。

（二）學程規劃脈絡

目前大學生對臺灣所面臨的創生議題覺知不足，是因為很多議題的本質常內存互相衝突的價值觀（例如：綠能永續發展與生態、科技發展與農村文化保存⋯⋯等），問題解決方式也牽涉不同領域知識，研究發現學生的跨領域能力與跨領域課程（cross-disciplinary curriculum）參與度有顯著的正相關，而跨領域能力的提升則能進一步影響學生對問題覺知能力（李育諭、林季怡，2018），其在於跨領域課程可引導學生連結、整合不同學科領域的概念和方法以解決問題（周淑卿、王郁雯，2019），讓學習內涵更豐富並增加關聯，幫助學生理解世界（Yeung & Lam, 2007）。

「地方創生與永續設計跨領域學分學程」的規劃目的有五：其一，促進學生對跨領域創生議題的覺知與理解；幫助學生認知現今涵蓋不同領域之創生議題，並理解不同領域議題之間的關聯性，幫助學生具備跨領域思維，並拓展其寬廣與宏觀的眼界。其二，提升學生的創新思維；鼓勵學生突破自身學科知識和技能的限制，以創新思考來回應跨面向的創生議題。其三，增強學生的團隊合作能力，運用場域實作促使跨院系學生合作，進行多元討論和共創，訓練學生溝通、協調和團隊協作能力，得以未來在社區與地方扮演串連與整合的角色。其四，強化學生對地方的社會責任感；透過關注地方場域中的現況，在提出解決方案的過程中思考如何為地方做出貢獻，提高學生未來的留鄉意願。其五，提高學生職業競爭力；培訓學生跨領域運用自身專

業，建立解決複雜問題的能力，有助於提升未來在地就業或創業的競爭力。

然而跨域人才培育，不能僅是以特定主題或目的，將數門課程打包在一起，授課教師在課程內容規劃和教學時適度和適時的相互連結，才是跨域教學時的關鍵（葉興華，2022）。是故，本學程建構歷程即從跨領域師生整合、多層次課程配搭、以及理論與實踐場域的建構三個面向進行推展。

1 跨領域師生整合

在推動學程之初，景憩所匯集對地方創生有參與意願的跨領域教師組成社群，其優勢即是社群知識總和大於個別參與者，又可兼顧知識與情感層面的互動，促進教學上的創造性轉化（李筱倩、洪浩偉，2019）。透過教師社群的討論，將可落實地方學與創生議題的課程加以彙整，列出「環境設計」、「創生翻轉」、「社會參與」、「經營體驗」四個範疇領域。「環境設計」領域考量鄉村環境所需面對的高齡議題、生態議題以及景觀議題，針對農村社區之閒置空間、休閒農場和生態環境，以自然效益觀點出發，完善農村社區環境設計的美學生態功能、發展療育庭園與食農田園。「創生翻轉」領域則含括社區營造、社區展演與創業模式的探索，同學深入所居住或熟習的社區，了解社區結構、發掘社區問題，進一步探討社區設計、社區策展、社區創業的可能性。其以輔導青年學生進入農村社區為主，推展農村地方社區產業，透過社區提案、輔導創新創業等模式，引導學生進入社區經營地方產業。「社會參與」領域則考量學生投入地方創方計畫時，所需具備的基礎技能，培養學生地方學與社會溝通的技巧。而「經營體驗」，則納入個別企業經營和社區整體遊程經營等概念，針對目前社區居民以及都會消費人口的探討，協助學生可將創意構想落實於地方永續經營。

教師社群針對四大領域中的議題，從中列出可納入學程之既有課程和需新開設之課程，於研商整合的過程中，邀請更多老師加入社群，整合了農、工、管理三個學院四個系所加入學程，並進而協調獲得各系所課程委員會的支持，為配合不同系所同學選修，多數新設課程以微型課程為主，微型課程至多在一學分以內，開課方式以短期密集性為主，其上課方式多元，可涵蓋

主題研討、實作演練、業師講座、工作坊……等，容許各系所在課程安排上的彈性。最後，學程共納入十門課程，其中五門核心課程涵蓋所有四個合作系所之課程，分別為水土保持系的「環境與生態」、森林系的「植栽設計與配置」、農企業管理系的「休閒農場經營」以及景憩所的「社區規劃與城鄉風」和「療育環境設計」。另有五門微型課程配搭核心課程，協助同學彈性深度自主學習，計有森林系的「鄉土踏查」與「溝通技巧應用」，以及農企系與景憩所合班授課的「社會企業創業企劃」、「地方展演與參與式工作坊」以及「鄉村地方特色遊程」。其課程規劃如表2與課程內容如表3所示。

表 2 　「地方創生與永續設計跨領域學程」課程規劃表

領域	課程名稱	課程類型	開設系所	學院
環境設計	環境與生態	核心課程	水保系	工
	療育環境設計	核心課程（新設）	景憩所	管理
	植栽設計與配置／實習	核心課程	森林系	農
創生翻轉	社區規劃與城鄉風貌	核心課程（新設）	景憩所	管理
	社會企業創業企劃	微型課程（新設）	農企系／景憩所	管理
	地方展演與參與式工作坊	微型課程（新設）	農企系／景憩所	管理
社會參與	鄉土踏查	微型課程（新設）	森林系	農
	溝通技巧應用	微型課程（新設）	森林系	農
經營體驗	休閒農場經營	核心課程	農企系	管理
	鄉村地方特色遊程	微型課程（新設）	農企系／景憩所	管理

表 3 　「地方創生與永續設計跨領域學程」課程內容表

課程名稱	課程方式	課程內容簡述
環境與生態	理論課程	簡介環境科學與生態學，探討生物生存與環境間相互關係，除包含原有觀念外，更涉及彼此間互動所衍生問題，唯有了解彼此間關

課程名稱	課程方式	課程內容簡述
		係，建立良善保育觀念，達到環境與生態間永續經營。
療育環境設計	理論課程、搭配業師PBL課程、設計思考	探討環境於身心減壓以及健康促進中的角色，了解高齡人口與特殊族群對戶外環境之需求。什麼樣的還境可促進健康？療育環境能提供自然互動、五感體驗和促進人際交流的環境，讓人在生心理感到放鬆、解除壓力，達到身心的平衡與安定。本課程透過使用者需求、案例探討及設計操作，讓學生了解療育環境理論與設計應用。
植栽設計與配置／實習	理論課程、搭配業師PBL課程、設計思考實作課程	探討植栽環境規劃設計之相關理論、程序與方法，除講述植栽材料之生物特性、使用者需求、植栽應用機能外，並兼顧植栽設計技巧之傳授，諸如植栽材料選擇及配置、植栽施工、維護及管理……等技術。本課程搭配USR計畫進行植栽設計實作。
社區規劃與城鄉風貌	理論課程、搭配業師PBL課程、設計思考	以城鄉發展和社區營造的角度，探討社區議題。強調空間與人之間的關係，進行社區問題分析、發展解決問題方案的流程與操作模式。主要介紹社區空間營造的切入模式，並透過實作和分組討論來演練操作流程，累積學生的「資訊整理能力」和「議題洞察力」。本課程同時會要求同學參與社區提案競賽。
社會企業創業企劃	理論課程、搭配業師實地參訪、設計思考	「社會空間」為生活的場景，可作為觀察「社會結構系統」的基底，在社區場域裡探索「社會關係網絡」，進而思索與此脈絡相關的社會利益如何運作，引動學生日後實踐「讓地方變得更好」的動能與熱情。課程內容包含：社會企業介紹、屏東在地社會企業

課程名稱	課程方式	課程內容簡述
		參訪、以及分享社會企業案例，並提出自己看到的待解決社會問題。
地方展演與參與式工作坊	搭配業師、實地參訪實作課程、設計思考	培養同學了解地方展演與社區工作坊的重要性，引導同學主動參與地方性的展演或工作坊活動，透過參與了解屏東在地特色和地方展演的規劃細節。另外辦理展演工作坊，以參與式設計形式進行地方策展，學生需發想展出內容，並分工合作進行籌備與佈展。
鄉土踏查	理論課程、搭配業師實地參訪、實作課程	與業師共同帶領修課學生實際參與地方自然人文資源之觀察與紀錄，為投入地方創生事務作準備。
溝通技巧應用	理論課程、實作課程	修課學生充分練習溝通技巧與簡報行銷能力，為投入地方創生事務作準備。
休閒農場經營	理論課程、搭配業師實地參訪	休閒農業是結合生產、生活與生態三生一體的農業，在經營上更是結合了農業產銷、農產加工及遊憩服務等三級產業於一體的農企業，可以達到改善農業生產結構，活用及保育自然與文化資源，提供國民田園體驗的機會，增加農村就業機會，提高農家所得，促進農村社會發展等目標。本課程除理論授課外，另辦理休閒農場教學觀摩，使學生對休閒農業具有宏觀及微觀的認知與管理能力。
鄉村地方特色遊程	搭配業師、實地參訪	與業師共同帶領修課學生參與地方特色遊程，帶領學生實際體驗並開拓視野。本課程以三天兩夜之實地教學，帶學生走訪臺灣地方創生相關社區與企業。透過特色體驗行程，增加學生投入地方創生的意願，強化學生對於地方創生商業模式之專業知識及提升學生執行地方創生之創新能力。

此外，本學程首次以大碩整合方式進行開設，課程納入大學部與研究所學生同時修課，藉此讓學生接觸到範圍更廣泛的同儕，促進大學生有更多機會與研究生、在職生合作。為配合此開設模式，部分微型課程由景憩所與農企系合作開設，另協調學校課務組，以加選方式讓報名學程的大學部學生可上修景憩所開設的核心課程。透過教師社群的討論進行課程規劃，除了跨院、跨科系的課程整合之外，亦同時開放大學部與研究所共同修課，整合更多不同背景、專業和生命歷程的同學共同完成學習歷程與社區任務，促進同學間在課堂內外鏈結更多社會人際資源網絡。

2 多層次課程配搭

依據本學程所整合規劃的課程模組，教師社群進一步延伸探討如何讓課程進行配搭達到培育地方創生人才的目標，其課程內容配搭策略如圖1所示，以三個層次推動課程的演進。

（1）地方學技能層次

此基礎層次配置兩門核心課程「環境與生態」及「療育環境設計」，兩門微型課程「鄉土踏查」和「溝通技巧應用」，此層次課程內容需根據修課學生的學習能力和組成，選擇適合的演練場域與情境，其課程目標以培養學生實踐地方創生的地方學技能為主。「環境與生態」和「地方踏查」兩門課程，著重於對在地環境與資源的了解，透過理論學習、實地考察與調查報告，了解當地自然、文史與產業環境，加深學生對地方的理解和尊重，進一步提升投入地方創生服務的熱忱。「療育環境設計」與「溝通技巧應用」則著重於地方居民需求，根據社區族群組成狀況、文化當地特殊的文化生活習慣與社區發展脈絡，實際演練如何理解、介入並回應相關需求，並學習如何運用所學知識溝通協調及解決實際問題。透過這些課程，可以提高學生對當地文化、歷史和發展的理解和掌握，培養學生的觀察力和調查分析能力，從而讓他們能夠更好地理解和支持地方的發展。

（2）案例評析層次

　　此進階層次配置一門核心課程「休閒農場經營」，兩門微型課程「地方展演與參與式工作坊」與「鄉村地方特色遊程」。此層次課程內容需強化實地案例參與，其課程目標係以深度體驗來增進學生跨領域視野和拓展學習範疇為主。「休閒農場經營」和「鄉村地方特色遊程」兩門課程由課程教師策劃相關案例行程，一門是了解單一個案經營，另一門則是了解社區整體經營，參訪過程與當地政府官員、企業家、經營者、社區居民進行交流和互動。透過實地參訪相關案例，讓學生可以了解實際可行的創新方法和經驗。而微型課程「地方展演與參與式工作坊」則是促進學生主動參與地方活動，培養其觀察與分析能力。課程提供在地展演資訊，讓學生自由選擇感興趣的活動參與，在參與結束後，學生需就參與過程中所觀察到的地方問題，提出具體的建議和方案，進行深入的探討及討論。透過案例研析課程，學生從中培養批判思考能力、累積創新實踐經驗，同時因體驗到許多成功案例而提高對地方創生的認同與未來留鄉投入的意願。

（3）實踐方案層次

　　此高階層次配置兩門核心課程「植栽設計與配置」和「社區規劃與城鄉風貌」，一門微型課程「社會企業創業企劃」，此層次課程內容需提供實踐場域或主題讓學生直接參與創生事務，落實大學社會責任，其課程目標以培養學生的創新思維和問題解決能力。三門實踐課程都選定實踐場域，學生以分組方式運作，運用地方學技巧實地了解當地問題和需求，並整合各成員專業背景，參考成功案例之模式，確定實踐目標和方向，提出實踐計劃和行動方案。於「植栽設計與配置」課程，學生需將改善方案付諸實行，於實踐場域完成戶外環境改善施作，而「社區營造與城鄉風貌」、「社會企業創業企劃」兩門課程，學生則將所研提方案參與校外提案競賽，獲獎提案亦至實踐場域執行相關企劃。透過實踐方案課程，學生可完整參與從基礎調查、方案討論至實際落實的過程，不僅可累積實作經驗和提升實踐執行力，同時讓學生直

接與在地社區或在地產業連結，建立合作關係，做為未來可實際進入社區或創業的基礎。

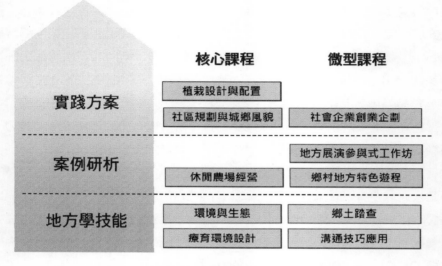

圖1　地方創生培育層次下的學程課程配置

3　理論與實踐場域建構

　　根據上述三個層次的課程內容配置，本學程亦建構可提供理論教學和參與實作的實踐場域。因此本學程的課程在規劃之初，即要求各課程預備相關創生實踐場域，並進一步將實踐場域區分為學習場域、觀摩場域以及實作場域，依據實務場域中議題處理的優先順序（梁鎧麟，2020），讓實踐場域可與課程內容對接，也讓不同課程在場域中，明確知道應該扮演何種角色。

　　在基礎地方學技能層次的課程中，其實踐場域以學校周邊鄉鎮較為熟悉的社區和區域為主，例如：位於內埔鄉、萬巒鄉、竹田鄉、三地門鄉及茂林鄉的社區，讓學生容易進入學習相關理論和操練技能。案例評析層次課程之實踐場域則不侷限在學校周邊，鎖定具一定成熟度且經營模式的社區或個案，包含：臺灣設計展在屏東、勝利星村創意生活園區、鹿野鄉永安社區、縱谷與東海岸大地藝術季、吉哈拉艾文化景觀、延平鄉鸞山博物館……等，

讓學生有不同面向的觀點與激勵。實踐方案層次的場域則是以具合作關係的在地社區和個案為主，供學生直接參與創生提案和實作，計有沿山休閒農業區、內埔鄉與林邊鄉國民小學、內鋪鄉與萬巒鄉社區發展協會、南州鄉農會、大樹揚智發展中心與壽山國家自然公園……等。

四　跨領域學程的成果效益與發展限制

「地方創生與永續設計跨領域學分學程」希望以學程制度打破各學科之間的界限，讓學生有機會從所規劃的課程模組中培養關於地方創生的跨領域思維和問題解決能力。為此，學程邀請來自三個學院四個系所的教師參與，整合學習目標與課程內容，並積極與地方機構和社區組織合作，為學生提供實踐機會和經驗。從規劃到推行近五年，共有71名學生（53位大學生與18名碩士生）報名修習學程，而目前完成全部課程取得學程證書者計有8位。

學生在跨領域學程課程模組中，從不同學科和領域中學習地方創生的知識和技能，並將這些知識和技能應用於實際場域及問題。透過參與實踐計畫和社區提案，進一步鞏固學習成果。在推行的過程中，學程也會根據學生的反饋和評估結果，進行每年滾動式的調整和改進，優化課程組合和教學方法。

而進一步探討近五年來的推動經驗，筆者歸納出下列幾點所觀察到之成果效益與發展限制。

（一）跨領域學程的成果效益

1　突破本位思考，增進跨領域協作

本跨領域學程打破了傳統學門課程之間的界限，透過不同領域的課程配搭整合，將各科系師生、社區、機構等不同參與者整合在一起，形成一跨領域合作平臺，讓彼此都能突破既有領域的本位思考框架，例如：授課教師需適應來自不同科系的學生，進行更多元的課程設計與知識詮釋；修課學生也

會在課程中獲取不同專業背景同學、老師、甚至是社區居民的看法與意見，不再只是單純地從自己的本位學科出發，而是能夠從多個角度來看待問題，並運用跨領域知識和技能解決問題，實現更加全面和創新的思考和實踐。另外，學生在學習中也能夠與來自不同學科背景的同學進行協作，進一步促進了跨領域的交流和合作。通過這種跨領域協作，學生不僅能學習到更廣泛的知識和技能，也能培養更加豐富和全面的人際網絡和溝通能力。

　　以「社區營造與城鄉營造」課程為例，其課程內容包含社區設計理論、社區營造技巧、SDGs永續發展指標與社區提案。課程以PBL問題導向學習模式進行，首先每個學生需提出與自身專業相關的SDGs議題和社區營造案例評論，從中配對不同系所的大學生與研究生形成小組，接著各小組需自選周邊社區進行現地調查，回到室內課堂上於小組討論中彙整關注議題與社區現況對應，再運用工作坊技巧操練跨領域協作磨合，從中可觀察大碩學生之間的分工協作模式，碩士班在職生可提供社區鏈結資源和社會經驗指引，而大學生則負責創新概念與提案撰寫，這種合作方式在提案競賽中，也往往形成優勢，在此課程中的學生提案，有一組獲選大專生農村洄游競賽，有2組獲選信義房屋全民社造競賽大專青年組楷模獎、4組獲選種子獎。

圖2　大碩整合的社區調查與小組討論

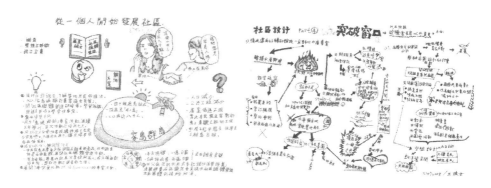

圖3　越南外籍生與在職研究生的社區營造評論

2　開發多元議題，強化自主學習

　　本學程聚焦於地方創生和永續設計主題，其所涉及的議題眾多，可從環境、產業、遊程、文化、美感……等多個面向來理解和探究，學生選擇對焦的角度多元，有很大空間進行創意發揮，同時能進一步將不同領域之議題加以串連，找出關聯性，如此可激發學生對地方上的各種議題產生興趣，引導他們主動參與，並鼓勵更深度探索，強化自主學習的意願。因學生在實踐場域與PBL課程中需自選議題方向和主題，並自行研究、收集資料和探究問題，因此需具備更強的學習能力和自主性。這種自主學習的模式培養了學生獨立思考和問題解決能力，使學習更有針對性和深度，促進學生的全面發展。這些課程策略確實能引發學生對地方需求的關懷，觸發學習動機，並藉由同理心之激發，產生更多交流與討論，提升自主學習之動能與實踐。而且在學程中有許多彈性微型課程，皆允許學生對自己的學習有更多的主動權，自主挖掘所需的知識點、有針對性地開展學習，學生也能有效地利用學習時間和學習資源。

　　以「地方展演與參與式工作坊」課程為例，課程為培養同學主動了解地方展演或是社區工作坊的重要性，要求同學主動參與屏東所辦理的地方展演，其中包含：臺灣設計展在屏東《超級南》、屏菸1936文化基地開展和屏東落山風藝術季……等屏東地方創生相關之展演活動，透過自選參與不同在

地創生活動，了解屏東在地特色和地方展演的規劃細節。其較多元彈性之參與模式，讓學生可依自己的時間和興趣，開發自身想關注的地方議題，而這也同時強化同學的學習自主性，其效益呈現於同學在參加展演後針對自選議題所作的心得回饋，比傳統課堂報告形式有更深入的分析。另外，本課程亦辦理策展，修課同學需運用參與展演之經驗，以參與式設計工作坊進行地方策展，同學自行發想規劃展出內容，籌備、並分工合作進行布展，是自主學習成效的最佳呈現。

圖4　校園內大地藝術策展

圖5　沿山休閒農業區年度活動策展

3　實踐創新解方，提升問題解決能力

　　宋世祥（2022）認為「設計思考」針對需求性、技術可行性、存續性的探討，可以作為一套社會實踐課程在面對社會創新與教學成效時的指導原則

與管理方法。本學程中共計有五門課程運用「PBL問題導向學習」或「設計思考」教學模式，其運作方式是挑選具體的地方實踐場域，以設計方式回應具挑戰性和現實意義的社區創生問題，讓學生在問題解決過程中獲得實踐經驗和相關知識。而在課程執行過程中，也因有學生的參與投入，衍生出許多大學社會責任計畫，實際協助到地方社區。這種實踐訓練過程，學生往往需要透過創新設計思維，不斷發掘、評估與優化多種可能性，最後選擇最佳解決方案，其有助於學生發掘自己的潛力和獨特性，也提高學生對問題的敏感度和反應力，使其具備更強的問題統整能力和實戰能力。

以「植栽設計與配置」課程為例，該課程與沿山觀光休閒農業協會合作，許多在地農場因早期以生產為主，雖轉型為休閒農業，在休閒環境空間的整備上仍有所困難，由於農場主人對於景觀美質與植栽配置維護的專業知識略有不足，因此在農場環境上較難提供最佳的服務場域和休閒體驗。課程內容以大學社會責任為出發點，協助在地休閒產業發展，為在地休閒農場提供景觀與遊憩空間的改善。由課程師生進行農場部分景觀的診斷調查、設計提案和現場施作（農場須配合提供相關資材費用），實際協助改善農場的休憩環境，並做為示範區，讓農場得以依循進行全區的改善，據以提升沿山地區休閒產業之環境場域品質，振興地方產業。學生在有實際場域可以進行直接施工的情況下，在辨認空間問題和設計配置上，學生透過小組討論提出可

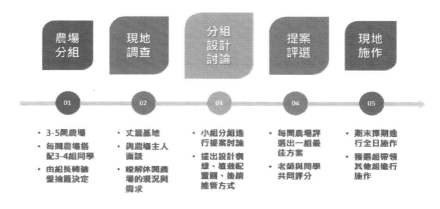

圖6　休閒農場改善的課程操作流程

落地執行的改善方案,而在方案實踐過程的植栽採購與現地施工,學生需因應如:植栽品項不足、現地環境條件不佳、使用需求變更……等現場問題,機動調整方案內容和團隊施作方式,從中也訓練出團隊協調、臨場反應與問題解決能力。

圖7　休閒農場改善的實踐過程

4　促進地方認同,提高創生意願

　　當地方創生已成為攸關臺灣國家未來發展的重要課題,我們需要下一世代了解地方資源、文化和社區精神,來營造更宜居、有吸引力、具競爭力的社區。本學程提供學生一個深入了解地方社區的機會,透過地方提案課程中,學生可接觸到不同面向的地方知識、歷史、文化和社區議題,了解到地方的特色與獨特性、目前的發展現況和未來展望。社區提案可以促進學生主動關懷社區,思索自身對社會能產生的價值與貢獻,在課程中的實作環節或社區參與過程,實際與地方社區的人事物互動,這樣的體驗不僅讓學生更加明白青年世代對於地方社區的需要和重要性,進一步建立起對當地社區的認

同。另外，案例參訪行程中，學生可以透過觀摩當地特色產業、社區發展計畫等方式，讓學生理解地方創生計畫與留鄉創業的可行性，也提高了學生留鄉投入創生的意願。

以「鄉村地方特色遊程」課程為例，其以三天兩夜的形式帶領同學前往長期推動地方創生的屏東與臺東偏鄉地區，參訪在偏鄉部落中的新創企業與社區，讓同學實地體驗學習如何規劃地方資源、運用獨特創新經營模式達到獲利並有助於在地發展。其課程內容包含：（1）實地見學，由部落遊憩資源領域專家隨隊解說，加上參訪單位現身說法。（2）實際體驗，實際體驗特色創生模式，透過實際經驗整合所學。（3）理念引導，透過實際造訪偏鄉並見證偏鄉創新企業的成功案例，刺激同學對社區關懷與地方創生的認同。（4）成果發表：參加學生需以影片製作行程記錄，分享見學經驗及與心得感想。而學生心得回饋則顯示參訪經驗可提高同學對地方創生各層面的認同，包含：社會企業與創新創業的可能性、社區營造與社區產業的組織性、社區文化與景觀生態保存的迫切性、以及留鄉投入創生事業的可行性。表4中列出所參訪的案例以及激發同學之地方創生認同點。

表 4　在地案例參訪所引發的地方創生認同

參訪社區	認同點	照片
屏東來義部落蔬店	社會企業 青年留鄉	

參訪社區	認同點	照片
屏東勝利新村文化園區	社會企業 創新創業	
臺東拉勞蘭部落	社區營造組織 部落文化保存 社區產業經營	
臺東吉哈拉艾部落	文化景觀保存 社區產業經營 社區營造組織 青年留鄉	

參訪社區	認同點	照片
臺東烏尼囊多元文化工作坊	社區產業經營 部落文化保存 青年留鄉	
臺東鸞山部落森林博物館	特色空間營造 社區產業經營 青年留鄉	
臺東鹿野永安社區	特色空間營造 社區產業經營 景觀生態保存	

參訪社區	認同點	照片
東海岸／縱谷大地藝術季	特色景觀營造創新創業	

（二）跨領域學程的發展限制

各大學許多跨領域課程在推行時，仍會面對許多執行困難，除了涉及教師本身的課程設計外，有時也礙於學校的校務系統或各科系之間的協作問題（羅逸平，2022；葉興華，2022）。「地方創生與永續設計跨領域學分學程」在推行五年來取得了不錯的實踐效益，但也存在一些實踐問題，需進一步探討與改善。以下列出在推行過程中所歸納的發展限制。

1 學生跨院系選課不易

由於目前各系所的課程安排，畢業必修課程比例偏高，導致學生雖然報名參加學程，但在課程選擇和安排上，卻仍有課程衝堂或是課程負擔過重的問題。學生加選跨院系課程需要有足夠的動力和熱情，但也因學生對於跨領域學習仍未有足夠的認知和了解，因此對這個學程的跨院系選課意願不高，也導致能完成全部課程的學生數不高。

2 跨領域協作難度大

由於跨領域學程需要多個系所和領域的教師參與教學，這對各系所和教師的跨領域教學和協作都提出較高的要求。在本學程規劃之初，各系所需進

行長時間的溝通磨合和認同，才能讓課程彼此配搭，得透過不斷地滾動式協調，才得以讓課程模組成形。此外，學程教師社群在推動初期，為討論課程配搭與設計而互動較多，但後續推行過程中，教師之間的協作和配合則因大家時間忙碌而逐漸減少，以至在課程配合與串聯上仍存在一些困難，未來需有更好的溝通協作機制來解決。

3 實踐提案難以落地

跨領域學程中許多課程涉及在實際場域中提案實作，學生運用創意發想提出實踐方案，但有些方案需要與當地社區和企業進行協作，或是需考量現實資源與經費的配搭，這些方案最後只留在提案階段或是只實行部分內容的狀態，難以全面落地執行。一方面是學生缺乏實作經驗和協作能力，無法回應現實現況需求，另一方面是與社區和企業協作存在著信任和溝通的問題，仍待授課教師與學程有長遠的社區計畫去延續相關提案的效益。

五 結論與反思

「地方創生與永續設計跨領域學分學程」係在地方學與大學社會責任的基礎上運作，在建構實踐場域、突破本位思考，以及跨領域協作之間是相互關聯、相互促進的。通過問題導向、設計思考、實作教學、鼓勵學生自主學習、促進跨領域小組合作等教學內容規劃，整體課程設計可以提高學生的創新思維和解決問題的能力，並增進不同科系領域間的合作和協作能力，進而促進學生的地方認同和創生意願。

在實踐中，我們也注意到地方創生課程在實踐場域建構上，需要針對不同地區的特點和需要進行定制化規劃，以確保課程的實用性和可操作性。課程之間需有適度連結，避免仍回歸過去單一課程操作，導致學生仍無法對地方創生得到全面性地了解。而實踐場域實作要在保證學生安全的前提下進行，避免學生因為操作不當而導致意外發生。學生自主學習需建立在有足夠的資源和支持的前提下，避免學生因為缺乏資源和支持而無法順利進行自主

學習。最後，小組合作應適當考慮學生之間的個性和角色分配，避免因為小組合作不當而導致不必要的衝突和矛盾，預留時間與空間讓小組有充分溝通和協商，避免因為不同領域之間的溝通不良而導致合作失敗。

「地方創生與永續設計跨領域學分學程」為培訓可直接在地實踐的地方創生人才所規劃，根據不同的實踐場域和主題需求進行有針對性的課程設計。在第一階段五年推動期程完成後，將進一步的反思和滾動式調整，為下一階段學程整合模式尋求更能充分發揮跨領域優勢，作更有效的整合，同時也需注重學生的課程安排和學習體驗，提高學生的參與完成度，以更具體地回應社會責任實踐和青年人才培訓需求。

參考文獻

中華民國社區教育學會，2018，社區培力與地方知識學建構。師大書苑。

木下齊，2018，地方創生：觀光、特產、地方品牌的28則生存智慧，不二家出版：新北市。

內政部統計處，2020年，內政部統計通報。內政部全球資訊網https://www.moi.gov.tw/cl.aspx?n=3437（檢索日期：2023年4月10日）。

宋世祥，2022，USR能否不只是課程！從設計思考出發規劃USR課程初探與反思。科技管理學刊，27（3），1-43。

李育諭、林季怡，2018，大學跨領域能力、課程參與和問題覺知關係之研究。科學教育學刊，26（S），419-440。

李筱倩、洪浩偉，2019，淺談教師社群-以高科大USR計畫跨領域教師社群為例。臺灣教育評論月刊，8（3），47-50。

李懿純，2021，以「地區關懷與生命實踐」微型課程培養大學生自主學習能力之探究。社會與區域發展學報，6（2），91-130。

周淑卿、王郁雯，2019，從課程統整到跨領域課程：臺灣二十年的論述與問題。教育學報，47（2），41-59。

梁鎧麟，2020，大學睦鄰運動：大學社會責任計畫的場域議題探索與課程設計。臺灣教育評論月刊，9（2），38-43。

黃志隆，2021，日本地方創生中的地域共生社會：市民經濟與公民經濟的論辯。人文及社會科學集刊，33（2），333-373。

楊正誠，2019，大學社會責任發展的國內外趨勢。評鑑雙月刊，79，32-36。

張奕華、吳權威、許正妹，2020，大學社會責任之意涵與案例分析。臺灣教育評論月刊，9（2），11-17

熊慧嵐、周睦怡、施聖文、陳東升，2019，大學社會創新組織間的中介溝通與信任建立機制分析。人文及社會科學集刊，31（3），427-465。

葉興華，2022，談大學跨域教學的困境與可行作為。臺灣教育評論月刊，11
（4），1-7。

增田寬也，2019，地方消滅：地方創生的理論起源。行人文化實驗室：臺北
市。

譚君怡，2022，日本高等教育之地方創生人才培育：聚焦於地方知識據點
（COC）系列計畫之課程發展分析。臺灣教育研究期刊，3（5），
275-291。

羅逸平，2022，跨域課程在大學課室中之教學挑戰與反思。臺灣教育評論月
刊，11（4），8-12。

Yeung, S. S. & Lam, C. C. (2007). Teachers' conception of curriculum integration:
A problem hindering its implementation in Hong Kong. Education Journal,
35 (2), 109-144.

循環有機農業場域建置及其應用於實務專題之學生學習成效評估[*]

陳上權[**]、吳佩芬[***]、賴文亮[****]

摘　要

　　分析屏東大學辦理二屆「屏東學」學術研討會之議題，主要著重於人文與社會學科議題，少有學者針對自然學科在生活應用——特別是在永續環境議題，進行相關研討。本研究以屏北地區農產品加工副資材，如廢棄果皮，民眾陳情的重要環境衛生議題，再透過師生共學討論選定以黑水虻（Black Soldier Fly, BSF）處理農業副資材，並期成為產業技術方案之一。本研究團隊經2年半建置循環有機農業場域，提供初期參與場域建置及場域建置中應用於實務專題課程的學生，前者除能於畢業前取得畢業門檻之專業核心證照外，另部分學生選擇本系所4+1碩士學制就讀，從實作朝向理論思考學習，學生後續發展值得期待。透過實作場域結合實務專題，110學年度入學學生在溝通表達及人際互動二項共通職能呈現顯著性，但專業職能後測較前測為低，均與未參與實務專題學生相關；另高中低分群學生認為三項共通職能包括問題解決、人際互動及團隊合作，最為受用，各共通職能平均值高分群高

* 　本研究感謝教育部在教學實踐計畫經費之支持（PSR1100640），得以順利完成。另研究助理曹靜雯小姐在圖表繪製及研究生李正江同學在數據統計分析之整理，亦在此一併誌謝。
** 　大仁科技大學環境與職業安全衛生系環境管理研究所助理教授。
*** 　大仁科技大學環境與職業安全衛生系環境管理研究所副教授。
**** 大仁科技大學環境與職業安全衛生系環境管理研究所教授。

於中低分群，但群間呈現不顯著；在專業職能部分，高低分群學生對「操作針對環境保護以及控管衛生的相關系統⋯⋯」之自我學習評量滿意度高。整體而言，循環農業永續場域建置融入實務專題課程設計及操作方式，對科技大學學生之共通職能及專業職能學習呈現正向意義。

關鍵字：黑水虻；循環有機農業；共通職能；專業職能

一 文獻回顧

（一）環安衛課程體系的思考

　　如何將專業知識融會貫通、加以運用及解決實際問題，進而提高學生的綜合能力及基本素質，培養學生的創新精神及創新能力，課程設計是一個不可或缺的專業實踐教學環節，包括1. 優化組織課程設計內容：此部分是培養學生的基本專業能力、創新能力及環安衛意識，要求學生充分發揮想像力，勇於創新，但要使自己的設計方案建立在一定的工程實際基礎之上，並進行充份的分析論證，要求設計理由要充分，最後要符合工程實際要求。2. 課程設計要結合實用性題目：指導教師必須具有豐富的環安衛工程經驗，進行充分的調查研究，命題要有實際意義（劉忠與胡滿銀，2004）。關於大學四年的課程，部分研究者分為：設計學科基礎課、專業方向基礎課、設計專項課程、設計核心課程、設計理論、設計實踐和畢業實習和畢業設計七大板塊。大學一年級為通識教育；大學二年級根據學生自身情況，選擇自己喜歡或者適合的專業方向；大學三年級開設設計核心課程和設計專項課程，開始開設專業方向基礎課；大學四年級第一學期第九周開始畢業設計開題和畢業實習，第二學期為畢業設計和畢業論文答辯（梁旭方，2016）。部分學者亦主張創立全新的環境科學專業的培養計畫，即前5個學期在校內以理論學習為主，第6學期在校外進行生產實習學習等實際訓練，第7學期則在校內安排綜合性大實驗，第8學期進行畢業實習和畢業論文，強化了應用能力、創新意識和實踐能力的培養。另教師在製作課程教學課程時，應從課程內容、影音資料、拓展知識、精品課連結、生態熱點、生態趣聞六個方面進行建設，根據教材內容和課程內容，完善每章節授課內容的多媒體課程，並配合講授、提問、討論、辯論、座談、觀看錄影、佈置作業等活動來改善教學手段，達到讓學生系統、深入地理解生態學的基本知識，取得明顯效果（盧素錦等，2016）。

對於環境設計專業的能力教學改革，亦有學者提出1.構建以設計能力培養為線索的專業課程體系：設計實務需要整個知識鏈，而不是單一存在的知識。因此，設計師僅有知識是不夠，其必須具備處於知識鏈頂端的能力和智慧，今日媒體環境使學生早已在課堂之外積累大量資訊，此刻教師的使命不再是提供資訊，而是提供洞見讓學生懂得如何整合善用資訊。2.推廣以激發創新意識為目標的情境教學模式：學校教學要想達到特定的學習目標和掌握特定的內容，其研究重點應該著重於真實環境情境化教學，故儘量選擇真實性任務（authentic task）為學習內容，使教學活動在貼近現實的設計情境中開展，便使學生有信心面對職業崗位中可能遇到的問題。3.探索以豐富設計價值構成為核心的多元動態評價體系：對教學目標進行更細緻的區分和描述，做到具體化、明細化和可操作化，通過目標導向的教學評價和過程品質監控機制，改變以往僅僅根據期末方案決定成績的評價方式，關注學生在學習過程的投入和成長性，堅決抵制臨時抱佛腳的浮躁學風，實現課程教學與學生成長的協調發展，擴大平時成績占總評成績的比例，降低期末成績的分數比重；同時，將課堂練習、平時作業、綜述論文、調查報告、方案答辯等教學過程都納入成績考核內容，將診斷性評價、過程性評價和總結性評價結合，並引入非任課教師甚至校外專家參與評價，避免單一的視角和個人的喜好影響評價的公正與客觀。在課程結束後，用匿名問卷和座談等方法獲取學生的學習體驗和回饋，認真分析教學中的問題和意見，並在下一輪教學中加以改進和提高（左冕，2016）。

（二）實務專題之教學實踐

實務專題是以「問題」為中心，以培養學生的「問題意識」為根本目標的教學，其著重發揮學生的主體作用和教師的主導作用。教師通過創設一種類似於科學研究的教學環境和教學氛圍，引導學生在獨立的主動探索、主動思考、主動實踐的研究過程中，吸收並應用知識，分析並解決問題。其目的是培養學生獨立思考、自主學習的能力，發展其研究性思維和創新能力。在

教學過程中，如果能夠將環安衛的知識和現實的問題相結合，就可以激發學生的興趣，從而引導學生主動思考問題，探究問題，進而實現實務專題教學的目的。

　　教學與科學研究均不可偏廢，課堂教學能夠促進科學研究，研究亦可反哺教學（李昌祖與馮雯，2009）。蒲陽等（2016）提出教——實踐——研究三位一體之發展模式，具體表現為課程堂教學促進教師的科學研究，而對科技發展的前沿問題開展探索也可以反哺教學，豐富的實踐活動能促進專業科學研究的發展，特別能激發學生對學術研究的興趣，而科學研究有效地提升各種實踐活動的層次和效果，課堂教學為各種實踐活動指明方向，及理論指導實踐。學術活動是校園文化中一道風景線。潘晶等（2016）在瀋陽師範大學生命科學院環境科學專業，每年都邀請國內外專家學者為學生開設環境相關領域的系列講座、報告，加強學生科學素質的培養，為學生開展創新活動奠定堅實的基礎。積極開展各類課外學術科技活動，努力營造良好的科技實踐氛圍。學生通過組成各種創新團隊，參加教師提供的研究項目，參與各種各樣的競賽，包括「挑戰杯」大學生課外學術科技作品競賽、大學生創新創業計畫和大學生科技實踐，激發大學生的參與熱情，提高其學術實踐能力。另鼓勵學生參與社會團體的活動，加強學生對外交流，服務於社會的能力，激發學生學習的積極性，培養團隊合作能力。

　　黃東升（2014）與謝春國（2016）均認為以研究中心概念進行橫向和縱向項目發展團隊，以具有社會實踐能力、研究能力、教育能力的教師為主體，對學生採取精英教學的一種模式。此研究中心由學院直接領導和管理，形成新型的教學研究團隊，除積極配合原教研室工作，積極參與教學大綱和人才培養的修改，形成一個集「產、學、研」為一體的機構，經多年操作，有如下顯著效益：1.促進教學模式改革。改革推動了教學過程中的「書本教學為主」向「理論與實踐結合」、「工學結合」轉變，促進傳統教學模式的改革；2.有效地整合教學資源，利用社會資源共建教學團隊，彌補當前學校教學過程中，實踐教學和理論研究培養的嚴重不足；3.加速培養「雙師型」教師，改革通過教學參與實際項目，提高專業教學品質和社會影響力，進而提

高學校教師素質;4.提升學生就業能力和就業率。通過改革準確掌握專業發展動向、市場人才需求,學院和企業對學生就業實現雙向推動,有利於提高學生就業率。

　　畢業設計論文教學過程是大學培養學生創新精神和解決實際問題能力的一個綜合性教學環節,是高校教學體系的重要組成部分,也是對學生所學知識的綜合能力運用的一種檢驗。其目的是培養學生運用所學基礎理論、專業知識和基本技能,提高分析和解決工程實際問題及從事科學研究的能力,培養學生為社會及企業刻苦鑽研、勇於攻堅及事事求是的精神。劉忠與胡滿銀(2004)為提高學生畢業論文的質量,進行有益的探索及實踐,包括1.組織管理:要求指導教師提前申報畢業論文題目,制定畢業設計論文任務書,教師審定公告後由學生在指定時間完成選題;對學生指導每週應不少於2次,並填寫工作記錄表,並由教研室進行各種檢查工作。2.選題:選題包括兩個面向:一是教師根據本專業的培養目標,選擇並擬定畢業設計論文題目;二是學生在教師申報的畢業設計論文題目選擇自己擬要完成的題目。3.設計論文計畫書:指導教師必須根據題目要求制定畢業設計論文任務書,其內容必須載明題目、主要內容與要求,分階段完成時間及成果(包括設計說明、圖紙、計算程式)及主要參考資料。4.期中檢查:採用定期檢查與隨機抽查方式,檢查內容包括:學生畢業設計(論文)進度、工作安排預定工落實、學生出缺勤情況及老師聽取學生工作簡報。5.論文答辯及成績評定:論文撰寫格式和內容必須符合規範;答辯時,除對學生畢業設計(論文)內容提出質詢外,還要考核有關基本理論、計算方法、實驗方法等,更需加重學生綜合素質及創新能力的考核。

　　黃白飛與辛俊亮(2012)在畢業設計論文選題時,可採取雙向選擇。教師出題目,學生選擇感興趣的題目,也可以自主選擇導師,這樣可以提高學生的積極性。在輔導學生進行畢業設計或論文時,老師對學生提出目標要求,指導學生查閱文獻以及完成設計(論文)的方法。可採取例會制度,學生定期向老師彙報畢業設計(論文)情況,有問題也可以及時詢問老師,老師可以及時解答問題,同時也可以督促學生做好畢業設計論文。最後,要嚴

格答辯，體現嚴格公正，對不符合要求的畢業設計文，堅決重新修改。陶瑞峰與崇麗娜（2013）發現各專業雖然有課外實習基地，但是學生不可能有充足的時間去實踐，學生主要是學習專業的職業道德和專業技能的規範要求，學會腳踏實地的工作精神和協作、競爭意識，對促進大學生良好性格的形成和就業心理準備有積極的作用，真正培養學生的實際動手能力還須本專業自己解決。因此，針對已經確立了畢業去向的學生，環境設計專業允許學生結合自己實際崗位工作選擇畢業論題和作品創作，並利用半年的時間，學生們一邊工作，一邊完成畢業論文和畢業作品創作，有目的、有針對性地到固定職位在職鍛鍊，使學生將所學知識與技能直接服務於社會，並從中培養自己的綜合職業能力。

（三）學生學習成效

臺灣各大學2011年起，大學校務評鑑開始以「學生學習成效」為主軸，其中所謂的成效（outcome），其重點並不在於學生的課業分數，而是強調學習歷程結束後，學生真正擁有的能力，並以學生表現來檢核教育成果。詹惠雪（2011）以教育現場的觀察，此機制要真正在大學落實，仍有幾點值得思考之處：1.透過基本素養與核心能力的訂定，要能促使各系所真正有效檢視及修正課程；2.透過專業團體訂定各專業領域應達成的能力標準，才能有效評估學生學習成果；大學全人教育的理念能透過能力指標檢核達成嗎？

蔡小婷（2014）檢視2012年到2013年上半年，高等教育評鑑中心辦理24所大學的系所評鑑工作，針對「學生學習成效評估機制」進行簡易分析，發現多數系所採用總結性課程評量學生的專業知識與核心能力的學習成果，也有許多大學運用標準化測驗檢測學生的核心能力，這些都屬於直接評估的方式。問卷調查則屬間接評估，例如「全國大學生投入程度調查」（National Survey of Student Engagement）可確認學生進行學習的機會與投入的努力；畢業生流向追蹤調查（Graduate Follow-up Survey）可用於了解學生的表現以及教育在職涯發展上的影響度。整體而言，評估與蒐集學生學習成效資料

之目的在於了解學校與系所的教育效能，而非針對個別學生的表現；同時，學生學習成效的評估是以直接評估為主，間接評估為輔。彭森明（2010）對於學生學習成效評估機制之設計，強調下列原則：1.評估必須有效益、有彈性，並應把教師與學生的負擔減到最低。2.系所單位都應定義出最適合自身特性、最重要的學習成果。3.評估方法應盡量簡化，並與教師、學生息息相關。4.教師的參與非常重要。

（四）大專校院就業職能平台（University Career and Competency Assessment Network, UCAN）在技職教育的應用

Mouzakitis（2010）認為技職教育課程設計必須以市場需求的確認及分析為基礎，才能對社會及職業發展發揮極重要的作用，為因應產業與經濟發展，教育部於2010年建置了「大專校院就業職能平台──UCAN」，以符合產業需求職能為依歸，期能協助學生了解個人職涯發展方向。學以致用為目前教育界及產業界共同關心的課題，但是學生在就業前的職涯發展規劃、職業興趣探索及職能診斷是學校所欠缺的。因此，將教育部UCAN平台與課程地圖緊密銜接，正可彌補此一缺口。UCAN列舉之職能分為「共通職能」與「專業職能」，即根據不同的教學目的，每門課程需培養學生具備特定的「基本素養」與「核心能力」。各系將依據此方向調整開授課程，修正教師的課程規劃及內容，以培養符合業界需求的人才。各校面臨無相關修正機制及資訊系統的重大困難，教育部UCAN網站已建置「共通職能診斷」、「專業職能診斷」、「職能養成教學能量回饋機制」等功能，可提供各項評量問卷系統，各校只需督促學生至UCAN平台進行相關問卷的填寫，經過UCAN平台大數據（Big Data）分析後，即可產生許多寶貴且有價值的統計報表。

技職教育相關的政策制訂者、管理者及教育者除了增加提升勞動力素質的相關課程，更需持續更新傳統技職教育課程及教學，以透過技職教育的改革對產業及經濟成長產生直接影響；職能（competency）是個人勝任職業工作所需知能與態度的綜合表現，是人才選訓育用留的共通語言。Winch

（2013）認為學習者與其雇主之間若產生負向的互動經驗，可能危及良好的技職教育架構，故技職教育課程必須朝向提升學生從業職能及適應能力的方向進行改革，亦即唯有在供需對準的原則下發展課程，技職教育改革方能奏效（Mouzakitis，2010）；技職教育必須適時轉換其教學內容及施教方式，技職教育相關政策制定者、實務工作者及研究人員應聚焦於實際工作需求分析的課程架構，改善技職教育的課程設計，建構現代化技職教育（潘瑛如等，2014）。

（五）大學社會責任（University Social Responsibility, USR）

大學長期都被視為培育各領域菁英與學術人才的地方，擁有充沛的公共資源與知識研究量，然而近年來面臨少子化的衝擊，許多大專院校已將「善盡社會責任」列為學校重點發展項目，故教育部於106年開始推動「大學社會責任（University Social Responsibility, USR）實踐計畫」，強化大專院校與地方的連結與合作，挖掘與回應地方需求、促進城鄉發展、振興當地文化、落實地方創生並引領社區創新經營，同時連結107年實行的高教深耕計畫，期待大學除可傳遞知識外，也能讓大學生對社區有認同感，協助大學找出自我特色並帶動所在地的永續發展。大學社會責任為企業社會責任（corporate social responsibility）精神的延伸，奠基於知識、真理的追求、公民意識的培養與社會的長遠發展，面對高等教育普及化、教育經費補助降低與社會期待感上升等問題，大學的本質即為承擔社會責任，教師、學生與行政人員必須透過教學、研究與公共事務的參與來給予回應，讓大學成為未來發展的希望之地。

近年在新管理主義衝擊下，大學治理與運作方式也漸朝企業模式靠攏，加上高等教育的大眾化趨勢和市場化傾向，讓大學辦學型態與功能日趨多樣。現代大學不僅在財務來源上仰賴政府、受教者和其他組織的資源挹注，大學所培育的人才與創造的知識，也成為國家生產力和競爭力的動力泉源。依上所述，無論是企業社會責任或大學社會責任，均是為了追求全人類更美

好的生活而努力，因此二者可說是目標一致、殊途同歸。故就國內人才培育問題而言，只要大學和企業都能負起自己應承擔的社會責任，則大學生學用落差問題定能獲得有效解決（劉秀曦，2019）。翟本瑞與蔡勝男（2020）認為大學社會責任要以能夠產生真正影響為目標，因此，其核心價值就在於社會參與、社會創新、社會設計及社會影響，亦即希望以真實社會的重大問題出發，讓師生走出校園解決社會問題，讓學習與學術研究能夠具備真實的社會影響力，善盡大學的社會責任，讓學生成為未來最佳的世界公民。狹義上，大學社會責任是大學應因應自身的職能而對社會承擔相應的責任，如人才培養、科學研究、社會服務和文化引領等。在廣義上，大學應該通過透明和符合倫理的方式，有效管理其活動對利益相關方和環境產生影響，實現大學、社會、人與環境可持續發展的理念與行為（張維紅，2015）。

周芳怡（2019）收集學生學習成效量表與自評資料、教師和教學助理的課室記錄及學生問卷資料，並運用描述性統計與內容分析法進行分析，以了解通識課程落實大學社會責任之模式及學生學習成效，其研究發現以學校周邊為場域進行議題探討，能促進學生產生共同的地方感，透過合作學習能培養學生問題解決能力與行動力，並提升學生處理社會議題的自信；本課程融入永續發展的概念有助於學生進行觀察、思考與判斷；此外，在課程進行中，師生角色宜動態轉變，才能有效提升課程與教學成效。汪淑珍（2020）在靜宜大學中文系融入「大學社會責任」之課程設計模式，經由質化、量化問卷調查，皆獲致良好回饋，足見此模式值得實施。經由回饋資料與學生訪談的內容，總結課程須注意與改進之處如下：1.雖然結合業師，但業師的教學方式不一定合適大學生學習生態，該如何解決，是一個重要的問題。2.課程不能塞入太多內容，會造成學生學習成效不佳，要更明確的定位課程，進行設計及對學生成果的期待，要切合實際學習狀況。3.實務課程，最好有協同教師一起合作，實務課程需要進行大量的練習，單一教師無法顧及過多學生。4.單一課程學習面向有限，應該可以朝著系列課程的方向去思考課程設計。5.雖然是實務課程，但是實務課程是建基在系所專業之上，如果學生基礎不穩固，實務課程無法產生效益，因此，文學系的基礎專業課程非常重要。

　　柯幼寧（2021）以中原大學作為研究案例，依學校的經營理念出發，並針對校長、主秘、各計畫主持人以及參與課程的教師與學生等進行深度訪談，再依訪談資料、各項公開計畫書，以及相關文獻資料等做為文本進行分析，研究結果發現USR實踐計畫執行後，對於社區、產業乃至學校皆產生正向變化；根據訪談資料發現，藉由USR實踐計畫，大學專業能力進入社區後，不僅僅以勞力幫助社區發展，更將專業知識結合社區需求，訓練學生發掘並解決社會問題，這樣的師生互相學習成長改變整個教學模式及課程設計，而課程成果的衡量已不再是考試或報告成績，轉變為學生成長能力及對社會的影響。社區民眾亦透過計畫實踐過程與大學互動，進而加深對大學的認同及存在價值，大學亦因此而獲肯定，進而邁向永續發展。洪文綺（2021）以其專業科系106學年度入學學生（共42位）為研究對象，比較參與及未參與USR組專業課程表現，藉以了解參與USR對學習的影響，並以半結構式問卷收集資料，分析學生之參與動機及實踐歷程。研究結果發現：不論是口腔衛生還是長期照護課程，參與USR組比未參與USR組之專業學科表現為佳，且達到統計上顯著水準。學生參與USR活動對於專業課程的學習是有所幫助的，從參與USR活動中提升自我責任感，增進學習動機與專業知能。蘇良委等（2020）以中山大學學生為研究對象，進行立意抽樣，共發放430份樣本，有效回收409份樣本，研究結果顯示：「行為態度」、「主觀規範」、「知覺行為控制」、「地方認同」對於「行為意願」具有正向顯著影響；「行為意願」對於「行為表現」亦具有正向顯著影響；透過T檢定得知，在各變項的平均數分佈，「參與USR」均高於「未參與USR」，「有實作」均高於「無實作」，代表實際參與USR與實作課程，對於學生的社會參與具有實質幫助。

二　研究問題意識及研究目的

　　過去許多教學模式常見先有理論，再想思考教學現場之應用方式，然而「翻轉學習」的發展過程則是從實務教學應用，嘗試解決學生在學習方面的

問題，而逐漸發展出來的教學模式。有學者用「翻轉學習」來更進一步闡述在翻轉教室中，透過課堂活動設計，來加強學生高層次能力的一種教學方式（Hung, 2015; Kamarudin *et al.*, 2012），翻轉學習的目標，在於增加課堂師生互動的時間，並透過教師經由課堂活動設計及引導，提供學生更多進行高層次思考的機會（Hwang *et al.*, 2014），教師在課程規劃時期，應分析與評估課程每個單元的授課內容，再決定授課方式及活動策略，在教學前、教學中及教學後，以因應及調整評量情境的方式，對學習者的認知能力進行持續性的評量。Ko（2014）之研究說明作中學及教別人是最有效之教學方式，但針對學生背景來源不一，學習較不專注的同學，尤其專科科技大學學生，如何透過變化學習場域、增加課程之實作及應用性，並能針對區域性環境議題或農業相關課題，吸引來自區域性同學，讓學生會有貼近感，是否會更樂於投入課程，再透過各種評量工具，驗證計畫想法，找出有用的學習模式，是現今科技大學技術導向課程之挑戰。

總整課程的原文為「capstone course」，「capstone」（合頂石），在建築體上意指最頂端、最後一塊石頭，功能為穩固建築結構，放上這塊石頭，即表示建築體完工。常見的總整課程，依周逸衡（2020）之報告說明可分為六類，包括1. 專題計畫：適合綜合應用類系所，如管理、行銷、工程及設計等；2. 論文：適合學術研究類系所，如物理、化學及生物；3. 綜合測驗（或證照）：適合專業知識型應用系所，如會計、法律、醫學及企劃等；4. 專題研討：適合知識整合類系所，如社會及人文等；5. 實習：適合操作應用類系所，如旅館、餐旅、金融、銷售及醫護等；6. 展演：適合藝術類系所，如音樂、美術、戲劇、雕塑等。其建議以專題計畫作為總整課程，可作為檢核系所核心能力，並據以設計評分方式、規定學生分組及訂定教師指導規劃。本系所（環境與職業安全衛生系）實務專題設計為6學期，期程分別在大一至大三，過往系所老師僅著重在實務專題V及VI之成果競賽及實務專題報告撰寫，但在實務專題I及IV則未進行較多的討論及相關的操作驗證；近年則因少子化，各專業系所進行空間活化及發展特色場域，藉其吸引學生參與及從作中學，提昇學生學習成效，故本研究透過「循環有機農業場域」建置過程

中，觀察110學年度及108學年度入學之同學在實作場域之質量化學習成效及UCAN共通職能，及專業職能之自我學習問卷資料收集，透過SPSS敘述性統計及無母數檢定方式，了解學生在職能學習成效之變化，作為系所實務專題課程PDCA操作之建議，進而優化系所專業課程設計。

三　研究架構、教學設計與學習評量

（一）研究架構

　　本計畫之工作內容，包括資料收集分析、社區田野調查、循環有機農業基地規劃及建置、實務專題課程規劃、UCAN職業興趣探索、共通職能與專業職能導入ee-class教學系統、資料收集分析及報告產出等，文中探討期間從109年6月至112年2月，工作內容區分四個階段，計畫形成期、計畫推動期、師生共學驗收期及計畫結案（圖1），其中在計畫推動期，在循環有機農業基地規劃，研究團隊創建生創新基地，在實務專題課程設定目標、教學內容及操作方法，學生整合性評量及學生在UCAN相關問卷之前後測方式，則在後續小節說明。

（二）研究對象、計畫執行期間與場域建置概念圖

　　本研究之研究對象分二部分，包括110學年度及108年度入學之同學，分別探討「以黑水虻為核心之循環有機農業場域」設置後（111年度）及設置中（109-111年度），對不同入學生在學習成效之質量化表現討論。循環有機農業場域之構想概念圖，如圖2。108學年度入學主要以在本研究團隊中8位專題生作為探討對象，110學年度入學的學生，則有33位同學參與實務專題I、II、III及VI之課程，本報告則針對實務專題III作說明。

（三）實務專題教學目標、課程設計進度及授課方法

　　本研究針對本系所實務專題I至VI進行課程教學目標及課程設計，並導入於110年度入學新生，其中實務專題III之課程操作內容，整理如圖3。大一屬探索階段，上學期著重在基礎能力養成、熟悉實驗環境及加強師生互動；下學期則在於確認專題老師及成立實驗室家族。大二屬試驗階段，上學期分暫定研究主題、文獻閱讀與整理及參與學長論文專題；下學期開始進行專題製作分組、實驗設計、文獻回顧撰寫及提出計畫構想書。大三屬定性階段，

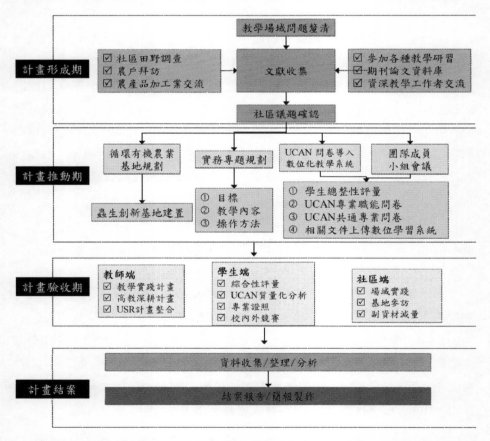

圖1　實作體驗場域建置中及後導入實務專題對學生學習成效之研究架構圖

上學期需完成專題論文初稿及製作與參與校內外競賽；下學期則是持續參加校內外論文競賽及專題論文定稿。針對實務專題III各週次操課程作方式，涵蓋完成UCAN共通職能與專業職能之前後測填寫、研究主題確認、論文閱讀與期中及期末報告繳交（標準格式），班上同學共分7組，每組人數以不超過7人為限。

圖2　以黑水虻為核心之循環有機農業場域概念圖

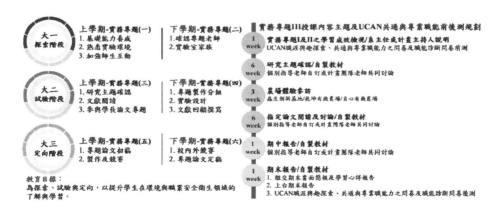

圖3　實務專題I-VI課程目標及實務專題III各週次操作內容及
UCAN共通與專業職能施測

（四）學生多元成績與 UCAN 共通職能及專業職能學生學習自我成效評量

　　針對實務專題III（110年入學）多元評量方式進行學期成績計算，其中期末簡報佔40%、期中論文閱讀心得報告30%、平常成績──師生互動10%、平常成績──問卷填寫10%、平常成績──線上學習記錄寫10%，評分項目建置於ee-class數位學習平台（圖4）。另學生自我學習成效評量則採用學校推動之UCAN共通職能與專業職能，本計畫問卷使用「大專校院就業職能平台」（University Career and Competency Assessment Network, UCAN）系統的共通八大職能（共54題），其中溝通表達（7題）、持續表達（7題）、人際互動（6題）、團隊合作（7題）、問題解決（6題）、創新（6題）、工作責任及紀律（7題）及資訊科技應用（8題）。關於專業職能部分，本系所包括兩種職涯路徑，包括環境保護衛生及工業安全管理分，前者職涯路徑對應四種能力指標，後者則是六種能力指標。本研究僅針對環境保護衛生，其專業職能1.使用分析程式和儀器，並應用科學原理，以評估環境保護以及衛生之間的相互影響關係（題1至題4）；2.將科學原理運用於環境保護以及針對衛生的研究上，以協助解決環境的問題（題5至題8）；3.作針對環境保護以及控管衛生的相關系統（例如：污水控制、水處理、污水處理、固體廢棄物處理及能源），以對設施進行管理（題9至題13）；4.使用測量與製圖工具、設備、機器和儀器，以完成針對環境保護及衛生相關的規劃（題14至題15）（如圖5）。

（五）研究方法與工具

　　上述於iLMS收錄的問卷、形成式評量及期末報告登錄之資料及學期總成績，可藉由主題、概念或類似特徵編碼登錄輸入電腦後，並藉由統計套裝軟體SPSS 22.0版進行如下統計分析，設定$p < .05$作為統計分析之顯著判斷標準，並進行常態性檢定。檢定結果若發現樣本有嚴重偏斜或雙峰現象，則採以無母檢定分析，然依研究目的進行資料分析說明如下：

1. 描述性統計分析：分析本研究對象在多元評量項目，以次數分配、百分比、平均數、標準差等統計量呈現分析結果。

2. 本研究進行110學年入學所有新生在實務專題課程、參與實務專題製與未參與實務專題製作及成績分群方式，進行其在UCAN共通職能與專業職能前後測平均值，需先進行常態分配之判別，若屬常態分佈則進行成對樣本T檢定；若屬非常態分析則進行無母數分析之Wilcoxon sign rank檢定。

3. 多元評量成績分群：本研究依成績排序高、低分組各佔27%，中間組佔46%，進行高分組、中分組、低分組之分群，並採此分群進行無母數分析之Kruskal-Wallis Test檢定。

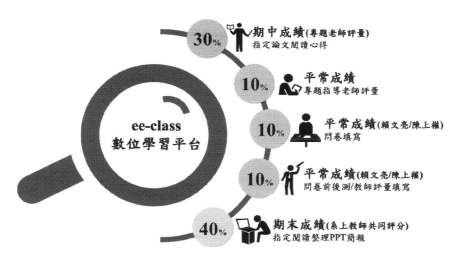

圖4　實務專題III建置於ee-class之多元成績評量

圖5　UCAN共通職能及環境與職業安全之專業職能

四　結果與討論

（一）從環境衛生問題轉換思考為「農業價值」

　　依國內行政院環境保護署推動資源循環利用部分，並以「永續消費與生產」、「提升資源使用效率」及「加值化處理廢棄物」為3大目標，除推動源頭減量，透過廢棄資源材料化、燃料化及肥料化等方式，促進資源循環利用，減少原生物料的使用。而為呼應國際間淨零排放趨勢，目前已有報告指出循環經濟與減碳之關聯，擬訂4大推動策略，包括：1.源頭減量綠色設計；2.能資源化再利用；3.暢通循環網絡；4.創新技術與制度。期落實國家淨零轉型目標，建立資源永續利用之社會（資料來源：行政院環境保護署，2023，https://www.ey.gov.tw/state/4AC21DC94B8E19A8/bea31948-b13c-4bd7-b13b-904a50ee5730）。研究指出，廢棄檸檬皮渣可做出生物炭、醋液等材料回歸友善耕種用途，透過整合高效率萃取、微生物轉化等技術，還能產出包括如純露、精油與高價值果膠等材料，甚至還衍生出頭皮養護、防蚊液等系列產品，甚至可將檸檬果皮開發成為牛隻的青貯飼料，評估可提升檸檬果皮20%的使用率」（梁雯晶，2020；蔡書憲等，2020）。

　　圖7為屏東縣108-110年度間不同類型陳情案件數之變化，發現均以異味污染物所佔比例最高，其可能為工廠排放異味氣體，餐飲場所排放惡臭、足以引起厭惡或其他不良情緒反應氣味之污染物等。依農委會110年資料顯示，全台農業固體廢棄物產量，在果菜類食品加工廢棄物為18,433公噸。依屏東縣政府農業處109年9月資料，屏北農產品產量、特別是鳳梨及檸檬，在生產加工時，鳳梨處理3噸，估算會產生1.5噸、檸檬處理10噸，估算會產生10噸加工廢料，小農或合作社加工處理後常以堆肥方式處理，處理不當時會產異味污染物，居民當然會有所抱怨。理論上，隨著各種再利用技術提昇，理論上農場應樂於送出再利用，但異味污染物案件之陳情仍佔據第1，顯然政府政策及技術提昇仍未足以讓產業配合政府政策進入循環經濟系統，讓農產品副資材產生更高的經濟價值，其原因除再利用技術穩定性及後續經濟市場開發不足外，另從企業或農戶對副資材之「農業價值」知識與態度弱關連性，均是可能因素。此部分可藉實作場域之環境體驗活動強化，進而改變企業或農戶之行為模式，另利於環境行為之動力或誘因、政府對企業或農戶的減稅與獎勵金方式鼓勵，均是可行方案之一（王懋雯&彭蘭晴，2007）。

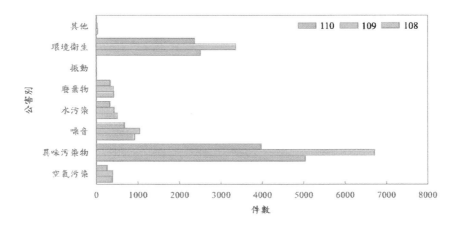

圖7　屏東縣108-110年度間不同類型陳情案件數之變化

（資料來源：https://pthg.dgbas.gov.tw/%c7%b6%b2%e9%a0%81%e8%b3%87%c6%96%99%
e6%9f%a5%e8%a9%a2/ShowQuery.aspx）

（二）從 SDGs 思考建置「農業加值」實作場域及師生實踐成效

1 實作場域建置及社區實踐

　　民眾對環境問題的認知及態度，會影響其表現行為，當加強民眾的環保教育時，使之體認因錯誤的認知及態度，會對環境造成的影響與破壞，進而引導民眾對環境正確的價值觀及保護環境資源的行為，以解決現今的環境問題，達到永續發展之目標（趙琳輝，2006）。梁鎧麟（2020）為實踐USR「以關注在地需求為主體」的核心價值，大學團隊進入實務場域中，應拋開自身是「專家學者」的角色，而是要抱持著「聆聽者」、「協作者」這樣的角色概念，進入場域中與合作組織共同參與實作方案的設計，並在方案設計過程中，如何充分與未來的服務使用者進行對話，並理解場域中各項資源未來可鏈結程度，都會攸關未來實作方案是否具體可行，且合作組織是可負擔的關鍵所在。

　　大學在場域連結上通常會依循六大步驟，分別是：1. 拜訪地方重要利害關係人；2. 結合地方人士進行資源調查與訪談，以了解地方需求；3. 舉辦主題工作坊，討論形成集體共識；4. 設置地方工作據點，開始執行行動方案；5. 邀請地方人士參加成果交流活動，共用執行成果；6. 協力地方組織及推動新創事業，以擴大社會影響（宋威穎，2021）。本計畫在社區之運作亦符合上述原則進行，參與地方各協會、NGO等地方利害關係人進行交流及對話，了解農戶需求，故選定以黑水虻作為循環農業經濟可扮演重角色。研究團隊亦從109年6月起，配合系所實務專題課程，共收入108年入學之7位實務專題生，並從SDGs思考永續消費與生產及參酌農委會110-113年「農業資源循環產業化推動與加值化應用」計畫中三個思考構面：1. 開發農業生產剩餘資源創新價值；2. 建立農業循環產價值鏈模式；3. 促成農業副產物資源環化，建立黑水虻為核心之循環有機農業基地為目標。且因應基地不同單元需求，師生採共學方式，面對問題思考、找資料、設計、施工及操作，並以操作成效進行調整設計。截至111年8月底，目前場域已設置太陽能光電發電及

蓄電系統、黑水虻幼蟲室、有機雞室、香草園及成蟲室（圖8），完成鳳梨及檸檬以生物處理之式，且可小量生產虻肥與生物性蛋白飼料，分別提供場域香草性植物所需之肥料與降低雞場餵食之飼料，提供小農學習參訪、公司機關、NGO及各大學教育機構參訪學習的場域。

圖8　（A）蟲生創新基地全景（屋頂處有太陽能光電）（B）黑水虻幼蟲室外觀（C）黑水虻幼蟲室內（D）有機雞室（E）香草園（F）成蟲室

　　團隊為增加本計畫理念之曝光，配合縣府在屏東青創基地與智慧農業學校辦理多場展示活動，因應每次活動辦理主題變化，各種黑水虻相關之環境教材開發、佈展方式、相關商品開發（如圖9），讓師生不斷思考學習成長，獲得社區夥伴表達願意參與、合作，甚至擴大成產學合作計畫，逐漸放大本計畫對區域社區之影響力。

2　學生正式及非正式課程學習表現

　　洪文綺（2021）針對106學年度入學學生（共42位）為研究對象，比較參與及未參與USR組專業課程表現，藉以了解參與USR對學習的影響。研究結果發現：不論是口腔衛生還是長期照護課程，參與USR組別較未參與USR組之專業學科表現為佳，且達到統計上顯著水準；學生參與USR活動對於專

業課程的學習是有所幫助的，從參與USR活動中提升自我責任感，增進學習動機與專業知能。同樣地，本研究108學年度入學的7位專題生——目前已升至大四，共產生四份實務專題報告，其中二份報告於110及111年度分獲本校藥學暨健康學院實務專題競賽第二名，其中1名同學連續2年參與競賽，並有獨自完成計畫書撰寫、簡報製作及上台簡報能力，學年成績逐年上升（108-1：班排名第9；108-2：班排名第22；109-1：班排名第3；109-2：班排名第7；110-1：班排名第4；110-2：班排名第2；111-1：班排名第2），頗受系所教師好評，並順利取得本系4+1碩士直升名額。7位專題生畢業專業證照門檻部分，7位學生均取得核心專業證照——下水道設施維護——水質檢驗（乙級），其它相關專業證照，特定化學業務主管6張、甲種營造業業務主管7張、急救人員1張、防火管理員7張及Basic Diver（初級潛水員）6張，同學主動學習的態度明顯優於班上其它同學。7位學生亦參加110年度屏東縣青年圓夢計畫，在眾多隊伍競賽中成功擠進前10名，及參加各種創業競賽課程訓練，順利於屏東青創基地完成成果展示。期間同學亦接受屏東電視台及大愛電視台專訪基地有關黑水虻培育的相關知識，同學們除可清晰說明外，組織內容亦具邏輯性。在隔年111年1月進駐南華智慧農業學校進行黑水虻養殖之微型創業。在此，驗證學生參與社區實踐對正式及非正式課程之學習表現，應是有所助益。

圖9　（A）黑水虻生命週期觀察皿（B）蟲生九宮格（B）佈展方式
（C）相關商品開發

3　教師產研及教學之創新模式

　　本研究通訊作者從107學年度開始，連續三年執行教育部教學實踐計畫，並曾榮獲教育部109年度教學實踐研究績計畫。因應團隊循環有機農業場域建置，並提出「農業社區議題導入實務專題之學生共通職能及專業職能之學習成效」二年期之教育部教學實踐研究計畫——USR學門，從場域師生共學中發掘問題，並期透過計畫思考如何改變教師教學模式及建置實作場域提供學生學習，進而扭轉學生，並將師生教學互動過程於國內公私大學進行專題演講，相關內容亦公開分享於學校知識社群（http://lms.tajen.edu.tw/club/knowledge），目前線上流覽人數高達366,570人次，為本校最高流灠人數之最多的教學平台。並於LINE軟體創設校內教師三生共好社群，是校內少數不接受校內補助的教師自主學習平台，成員來自校內不同專業系所，提供農業、環境、餐飲、資訊及幼保相關訊息，並定期於「蟲生創新」基地進

行學期聚會，同仁相互分享在教學及學習的經驗，提供同仁跨領域學習的機會。同仁間並創設微二門學分課程，包括循環農業及智慧安全，參與學生對課程設計之滿意度甚高。整體而言，教師因應學實作場域建置，在校高教深耕計畫經費爭取、課程設計及思考、行銷場域及經驗分享，教師在轉換於教育部提案，包括教學實踐計畫與USR計畫，讓參與教師在教學質與量不斷學習、成長及因應時勢改變，當然教師教學評量維持一定的水準，應是可期。

（三）實作場域應用於實務專題之學生自我學習成效──「永續價值」

依108年入學學生在場域建置過程之專業學習，包括專業證照取得、學期成績及參與校內外競賽表現，是較同班同學為佳。然而其職能之自我評估，計畫推動之初，並未進行思考探索，故在循環有機農場場域建置較為完備時，配合110年入學學生之實務專題I-VI，進行該班學生在UCAN共通職能及專業職能自我評量成效進行探討，並分述如下：

1 學生在共通職能及專業職能自我學習成效

關於110年入學學生在實務專題III課程中，UCAN共通職能前後測平均值及Wilcoxon檢定結果整理如表1。表1顯示，在八大共通職能部分，同時參與前後測的學生共有27位，所有後測平均值均高於前測值；在前測平均值部分，最高前三項分別為資訊科技應用（4.12）、工作責任及紀律（4.11）、問題解決（表格中數據可見4.11），然而在後測學生平均值部分，最高前三項則轉變為溝通表達（4.36）、工作責任及紀律（4.24）、問題解決（4.23），僅在溝通表達及人際互動，呈現顯著性，應與本學期要求分組同學進行論文閱讀整理，及要求定時相互討論，最後必需依格式及期限內完成繳交，根據計畫行為理論（Theory of Planed Behavior, TPB）（Ajzen, 1985），知覺行為控制（Perceived behavioral control, PBC）、態度（Attitude, AT）及和主觀規範（Subject specification, SN）同樣會影響著個人行為，授課教師在課程規

劃及規範、實踐課程的意志表現及關心學生的態度，相信對學生學習積極性行為表現會有所影響。

　　關於學生在專業職能——環境保護與衛生前後測平均值及Wilcoxon檢定整理於表2，由表2得知在前後測部分呈現相同順序，依序為「操作針對環境保護以及控管衛生的相關系統……」、「將科學原理運用於環境保護……」、「使用分析程式和儀器，並應用科學原理……」及「使用測量與製圖工具、設備、機器和儀器……」，且後測平均值明顯低於前測，但均未呈現顯著性，由於實務專題III本學期操作主題在於指導學生如何閱讀論文，大部分的同學尚未實際參與實務專題製作，且本學期閱讀論文主要在USR、農業及環安衛相關主題論文，專題指導教師並未要求學生進行實驗操作，學生在專業職能自我學習評估呈現下降，應是可以理解，但仍提供教師在未來課程設計及操作上之參考。

表 1　實務專題 III 學生共通職能前後平均值及 Wilcoxon 檢定（N=27）

八大職能項目		平均數	標準差	平均數標準誤	精確顯著性（雙尾）
溝通表達	前測	3.96	0.68	0.13	**.005**
	後測	4.36	0.69	0.13	
持續學習	前測	3.92	0.71	0.14	.097
	後測	4.18	0.75	0.15	
人際互動	前測	3.88	0.72	0.14	**.027**
	後測	4.15	0.72	0.14	
團隊合作	前測	4.06	0.77	0.15	.550
	後測	4.18	0.73	0.14	
問題解決	前測	4.11	0.74	0.14	.349
	後測	4.23	0.73	0.14	
創新	前測	3.98	0.75	0.15	.222
	後測	4.19	0.73	0.14	

八大職能項目		平均數	標準差	平均數標準誤	精確顯著性（雙尾）
工作責任及紀律	前測	4.11	0.70	0.13	.186
	後測	4.24	0.71	0.14	
資訊科技應用	前測	4.12	0.68	0.13	.501
	後測	4.06	0.71	0.14	

表 2　實務專題 III 學生在專業職能──環境保護與衛生前後測平均值及 Wilcoxon 檢定（N=24）

專業職能項目		平均數	標準差	平均數的標準誤	精確顯著性（雙尾）
使用分析程式和儀器，並應用科學原理，以評估環境保護以及衛生之間的相互影響關係	前測	4.26	.619	.126	.205
	後測	4.12	.691	.141	
將科學原理運用於環境保護以及針對衛生的研究上，以協助解決環境的問題	前測	4.29	.584	.119	.383
	後測	4.19	.635	.130	
操作針對環境保護以及控管衛生的相關系統（例如：污水控制、水處理、污水處理、固體廢棄物處理及能源），以對設施進行管理	前測	4.31	.567	.116	.439
	後測	4.22	.627	.128	
使用測量與製圖工具、設備、機器和儀器，以完成針對環境保護及衛生相關的規劃	前測	4.19	.656	.134	.620
	後測	4.15	.616	.126	

2 參與或未參與實務專題製作學生在共通職能及專業職能自我學習成效

在4-3-1節中了解學生在專務專題III之前後共通職能表中，以溝通表達及人際互動職能具統計顯著性，為了解該班部分已參與實務專題製作有6位同學，與其它未參與同學實務專題製作同學在共通職能前後測問卷之差異性及Wilcoxon檢定結果，結果整理於表3。表3顯示，參與實務專題製作同學，在前測溝通表達及人際互動職能之平均值分別為4.12及4.0，其值高於未參與同學之3.92與3.84。經學期課程結束後，參與實務專製作同學在兩項後測值分別提昇為4.48及4.50，未參與同學亦增加至4.33及4.05，但僅未參與同學自我學習評量表現呈現統計上的顯著性。另其它共通職能之前測及後測平均值，參與實務專製作同學高於未參與實務專題製作同學。在資訊科技應用部分，參與實務專題製作之前後值4.29均保持相同的滿意度，但未參與實務專題製作的同學，在課程結束後之自我評量從前測4.07降至後測3.99，故鼓勵同學主動參與實務專題製作，應可改善此項職能學習之自我評價。

同樣地，在參與實務專題製作（N=6）與未參與實務專題製作同學在環境保護與衛生專業職能之前後測平均值及Wilcoxon檢定結果，整理如表4。表4得知，在4項專業職能部分，未參與實務專題學生在「使用測量與製圖工具……」，從前測值4.21降至後測值為3.90外，相較參與同學前測從4.05升至4.70，此現象與學生尚未進入實務專題製作相關；另未參與實務專題製作同學，「使用分析程式和儀器……」與「將科學原理運用於環境保護……」之後測平均值反較前測平均值微降，僅在「操作針對環境保護以及控管衛生的相關系統……」。然而參與實務專題製作的學生，各項專業職能之後測平均值均高於前測平均值，但在統計上並不顯著。

表3 實務專題 III 學生參與實務專題製作（N=6）與未參與實務專題製作（N=21）共通職能之平均值及 Wilcoxon 檢定

職能項目	學生人數		平均數	標準差	平均數標準誤	精確顯著性（雙尾）
溝通表達	參與	前測	4.12	0.46	0.19	.197
		後測	4.48	0.69	0.28	
	未參與	前測	3.92	0.74	0.16	.012
		後測	4.33	0.7	0.15	
持續學習	參與	前測	4.17	0.47	0.19	.221
		後測	4.50	0.58	0.24	
	未參與	前測	3.84	0.76	0.17	.181
		後測	4.09	0.79	0.17	
人際互動	參與	前測	4.00	0.51	0.21	.039
		後測	4.50	0.42	0.17	
	未參與	前測	3.84	0.77	0.17	.179
		後測	4.05	0.76	0.17	
團隊合作	參與	前測	4.19	0.87	0.36	.273
		後測	4.64	0.41	0.17	
	未參與	前測	4.02	0.76	0.17	.959
		後測	4.05	0.75	0.16	
問題解決	參與	前測	4.33	0.53	0.22	.157
		後測	4.61	0.54	0.22	
	未參與	前測	4.05	0.79	0.17	.812
		後測	4.12	0.75	0.16	
創新	參與	前測	4.14	0.83	0.34	.343
		後測	4.50	0.49	0.20	

職能項目	學生人數		平均數	標準差	平均數標準誤	精確顯著性（雙尾）
	未參與	前測	3.93	0.75	0.16	.309
		後測	4.10	0.76	0.17	
工作責任及紀律	參與	前測	4.48	0.53	0.22	679
		後測	4.74	0.38	0.15	
	未參與	前測	4.00	0.71	0.16	.349
		後測	4.10	0.72	0.16	
資訊科技應用	參與	前測	4.29	0.56	0.23	.715
		後測	4.29	0.63	0.26	
	未參與	前測	4.07	0.72	0.16	.432
		後測	3.99	0.74	0.16	

表4　實務專題 III 學生參與實務專題製作（N=5）與未參與實務專題製作（N=21）於專業職能-環境保護與衛生之平均值及 Wilcoxon 檢定

專業職能項目	學生人數		平均數	標準差	平均數標準誤	精確顯著性（雙尾）
使用分析程式和儀器，並應用科學原理，以評估環境保護以及衛生之間的相互影響關係	參與	前測	4.20	0.65	0.15	.285
		後測	4.50	0.47	0.21	
	未參與	前測	4.16	0.69	0.16	.518
		後測	4.15	0.78	0.35	
將科學原理運用於環境保護以及針對衛生的研究上，以協助解決環境的問題	參與	前測	4.22	0.61	0.14	.273
		後測	4.55	0.45	0.20	
	未參與	前測	4.21	0.58	0.13	1.000
		後測	4.10	0.89	0.40	

專業職能項目	學生人數		平均數	標準差	平均數標準誤	精確顯著性（雙尾）
操作針對環境保護以及控管衛生的相關系統（例如：污水控制、水處理、污水處理、固體廢棄物處理及能源），以對設施進行管理	參與	前測	4.25	0.59	0.14	.465
		後測	4.55	0.45	0.20	
	未參與	前測	4.18	0.64	0.15	.588
		後測	4.35	0.60	0.27	
使用測量與製圖工具、設備、機器和儀器，以完成針對環境保護及衛生相關的規劃	參與	前測	4.05	0.64	0.15	.066
		後測	4.70	0.45	0.20	
	未參與	前測	4.21	0.58	0.13	.301
		後測	3.90	0.74	0.33	

3　多元評量成績高低中分群學生在共通職能及專業職能自我學習成效

　　針對整合性學習評量進行高中低分群，高分者為5人、中分為16人及低分6人，對應成績區間分別為92-100分、84-91分及0-83分，針對課程內容操作對UCAN共通職能的期末問卷分析整理如表5。表中說明高分群在共通職能之平均值均高於中低分群，高分群中以團隊合作最高（4.63），其次為問題解決（4.57），第三則是人際互動（4.53）；在低分群中前三項之順序分為問題解決（4.17），其次為人際互動（4.14），第三則是團隊合作（4.12）。雖三者間之Wilcoxon檢定並未呈現顯著性，但高低分群學生對實務專題III的自我學習評量突顯問題解決、人際互動及團隊合作職能對學生最為受用。

　　在環境專業職能部分，高中低分群，高分者為5人、中分為13人及低分6人，對應成績區間分別為92-100分、84-91分及0-83分，高中低分群專業職能——環境保護與衛生後測Wilcoxon檢定整理如表6。表6顯示除「操作針對環境保護以及控管衛生的相關系統」之平均值，未能呈現高分群＞中分群＞

低分群外，餘三者均呈現相同趨勢。在高分群學生，專業職能平均值，依序為「操作針對環境保護以及控管衛生的相關系統……」（4.55）、「使用分析程式和儀器……」（4.40），最後則是「將科學原理運用於環境保護以及針對衛生的研究上」（4.30）與「使用測量與製圖工具、設備、機器和儀器」（4.30）；在低分群學生，專業職能平均值，依序為「操作針對環境保護以及控管衛生的相關系統……」（4.17）、「使用測量與製圖工具、設備、機器和儀器」（4.08）、「使用分析程式和儀器……」（4.00），最後則是「將科學原理運用於環境保護以及針對衛生的研究上」（3.96）。綜合上述，對高低分群學生滿意「操作針對環境保護以及控管衛生的相關系統……」的專業職能，此意謂大部分學生雖尚未進行實作主題，但學習課程中亦能在專業職能讓學生產生正向評量，應與各專題指導老師在要求同學進行論文研讀及整理，甚至同儕間相互學習及實作場域導覽參觀相關，其意謂實務專題操作方式及導入內容對學生在共通職能及專業職能自我評量是有雙重效應，但其間交互作用影響則有待後續之研究驗證。

表 5　實務專題 III 學生高中低分群共通職能後測 Wilcoxon 檢定

職能項目	學生分群	平均數	標準差	平均數標準誤	精確顯著性（雙尾）
溝通表達	低分群	4.17	0.78	0.32	.826
	中分群	4.41	0.67	0.17	
	高分群	4.43	0.76	0.34	
持續學習	低分群	4.05	0.82	0.33	.595
	中分群	4.13	0.78	0.19	
	高分群	4.49	0.66	0.29	
人際互動	低分群	4.14	0.87	0.36	.399
	中分群	4.03	0.72	0.18	
	高分群	4.53	0.46	0.21	

職能項目	學生分群	平均數	標準差	平均數標準誤	精確顯著性（雙尾）
團隊合作	低分群	4.12	0.72	0.29	.347
	中分群	4.06	0.78	0.20	
	高分群	4.63	0.46	0.21	
問題解決	低分群	4.17	0.76	0.31	.526
	中分群	4.15	0.77	0.19	
	高分群	4.57	0.60	0.27	
創新	低分群	4.08	0.79	0.32	.615
	中分群	4.15	0.78	0.19	
	高分群	4.43	0.52	0.23	
工作責任及紀律	低分群	3.98	0.67	0.27	.207
	中分群	4.20	0.76	0.19	
	高分群	4.71	0.42	0.19	
資訊科技應用	低分群	3.92	0.72	0.30	.314
	中分群	3.98	0.76	0.19	
	高分群	4.48	0.49	0.22	

表6　實務專題 III 學生高中低分群專業職能-環境保護與
衛生後測 Wilcoxon 檢定

專業職能項目	學生分群	平均數	標準差	平均數標準誤	精確顯著性（雙尾）
使用分析程式和儀器，並應用科學原理，以評估環境保護以及衛生之間的相互影響關係	低分群	4.00	0.63	0.26	.537
	中分群	4.13	0.67	0.18	
	高分群	4.40	0.89	0.40	

專業職能項目	學生分群	平均數	標準差	平均數標準誤	精確顯著性（雙尾）
將科學原理運用於環境保護以及針對衛生的研究上，以協助解決環境的問題	低分群	3.96	0.25	0.10	.555
	中分群	4.25	0.63	0.17	
	高分群	4.30	0.97	0.44	
操作針對環境保護以及控管衛生的相關系統（例如：污水控制、水處理、污水處理、固體廢棄物處理及能源），以對設施進行管理	低分群	4.17	0.41	0.17	.495
	中分群	4.12	0.70	0.20	
	高分群	4.55	0.62	0.28	
使用測量與製圖工具、設備、機器和儀器，以完成針對環境保護及衛生相關的規劃	低分群	4.08	0.49	0.20	.829
	中分群	4.12	0.55	0.15	
	高分群	4.30	0.97	0.44	

五　結論及建議

（一）結論

1. 屏東地區近三年民眾陳情案件以異味污染物為主，且呈現居高不下的現象，顯示政府在法令處罰方式及激勵產業昇級的誘因策略，不足以約束或激產業進行自我規範。

2. 師生在有機農業循環基地建置期間產生的效益，在參與的學生部分，校

內外競賽成績、專業證照取得數量及學業成績表現均較同儕為優且更多元；在教師方面，微學分課程開設、爭取校內高教深耕計畫、教學實踐研究計畫及USR計畫、自主性學習社群，讓教師沉浸於跨領域學習，豐富教師的教學內容及教學品質。在社區實踐部分，參與社區展覽、國中小的循環農業教育活動及提供NGO在實踐場域之體驗學習活動，讓社區民眾更樂於參與及推動農業副資材再利用模式，永續社區。

3. 結合實務專題III及實作場域對學生於UCAN共通職能及專業職能之自我學習評估：

（A）整體學生整呈現學習上的滿意，且在溝通表達及人際關係呈現統計的顯著性，但在專業職能雖未呈現統計上的顯著性，但整體學生仍給予滿意的肯定。

（B）以參與及未參與實務專題製作學生於UCAN共通職能及專業職能之自我學習評估，則發現未參與同學在共通職能的溝通表達及人際關係呈現統計的顯著性，而參與實務專題學生在此二項平均值，後測高於前測，但由於前後滿意度本偏高，故難以呈現統計的顯著性；在專業職能部分，未參與實務專題在「使用測量與製圖工具……」呈現滿意度下降的現象，其餘職能都呈現增加，且參與實務專題實作學生自我學習評估會高於未參與實務專題之學生。

（C）高中低分群學生於UCAN共通職能及專業職能之自我學習評估，高低分群學生對實務專題III的自我學習評量突顯問題解決、人際互動及團隊合作職能對學生最為受用。高低分群學生均認為「操作針對環境保護以及控管衛生的相關系統……」均能受益，此意謂大部分學生雖尚未進行實作主題，但學習課程中亦能在專業職能讓學生產生正向評量。

（二）建議

1. 思考強化實作場域環境體驗活動，改變農戶之行為模式，進而轉化農戶對農業副資材在「農業價值」知識與態度之強關連性，並配合政府對企

業減稅與獎勵金鼓勵，相信有益於降低民眾對區域異味污染之抱怨。

2. 區域性議題的選擇及操作應與社區需求結合，甚至要能產生經濟市場，持續永續社區；師生於社區及實踐場域投入時間相當長，校方在校務行政支持，包括課程的彈性操作、經費補助、教師多元升等、學生的獎勵機制，均需與時俱進納入調整，才能讓參與教師有意願持續深耕社區。

3. 在共同職能與專業職能評量之交互作用及其與學生學習總成績之相關性分析，甚至在學習總成績各分項權重選擇，應有深入討論的空間。

4. 本研究在專業職能之自我學習評估，僅就環境保護衛生討論，另在工業安全管理專業職能之自我學習評估，值得進一步探討。

參考文獻

Ajzen, I. (1985). From intentions to actions: A theory of planned behavior. Springer.

Hung, H.-T. (2015). Flipping the classroom for English language learners to foster active learning. Computer Assisted Language Learning, 28 (1), 81-96.

Hwang, G.-J., Hung, C.-M., & Chen, N.-S. (2014). Improving learning achievements, motivations and problem-solving skills through a peer assessment-based game development approach. Educational technology research and development, 62, 129-145.

Kamarudin, S. K., Abdullah, S. R. S., Kofli, N. T., Rahman, N. A., Tasirin, S. M., Jahim, J., & Rahman, R. A. (2012). Communication and teamwork skills in student learning process in the university. Procedia-Social and Behavioral Sciences, 60, 472-478.

Ko, P.-C. (2014). The Treatment and Prevention of Behavior Problems in Class. Journal of Education Research (239), 19.

Mouzakitis, G. S. (2010). The role of vocational education and training curricula in economic development. Procedia-Social and Behavioral Sciences, 2 (2), 3914-3920.

Winch, C. (2013). The attractiveness of TVET. Revisiting global trends in TVET: Reflections on theory and practice (pp. 86-122). In: Bonn: UNESCO-UNEVOC.

王懋雯、彭蘭晴（2007），〈電子產業從業人員對環境議題的認知態度與行為之研究〉,《環境教育學刊》,7：27-40。

左　晃（2016），〈環境設計專業的能力導向教學改革研究與實踐,《西南師範大學學報：自然科學版》,41（4）：206-210。

宋威穎（2021），〈政策視角下的行動對話：大學與社區在實踐場域的夥伴關係〉,《新實踐》,1-20。

李昌祖、馮雯（2009），〈大學「科研反哺教學」及其實施〉,《教育發展研究》,（19）：71-74。

汪淑珍（2020），〈大學社會責任融入課程——以靜宜大學中文系課程為例〉,《臺灣教育評論月刊》,9（2）：44-47。

周芳怡（2019），〈通識課程落實大學社會責任之行動研究〉,《通識學刊：理念與實務》,7（1）：1-36。

柯幼寧（2021），〈大學角色的省思——探討大學社會責任實踐對大學課程的改變與影響〉,《中原大學企業管理學系學位論文博士論文》。

洪文綺（2021），〈參與大學社會責任計畫USR對學生專業課程之學習成效研究〉,《耕莘學報》,pp. 75-85。

張維紅（2015），〈大學社會責任概念探究〉,《現代教育科學：高教研究》,1：1-9。

梁旭方（2016），〈環境設計專業人才培養模式的改革與研究——以長春理工大學環境設計專業教學改革實踐為例〉,《長春理工大學學報：社會科學版》,29（3）：143-147。

梁鎧麟（2020），〈大學睦鄰運動：大學社會責任計畫的場域議題探索與課程設計〉,《臺灣教育評論月刊》,9（2）：38-43。

陶瑞峰、崇麗娜（2013），〈環境設計專業實踐教學模式研究〉,《現代交際》,9。

黃白飛、辛俊亮（2012），〈環境工程專業實踐教學改革研究〉,《科教文匯》,（7）：42-43。

黃東升（2014），〈環境設計專業實踐教學研究——以三峽大學環境設計專業為例〉,《銅仁學院學報》,16（1）：153-156。

翟本瑞、蔡勝男（2020），〈社會參與，社會創新，社會設計，社會影響：大學社會責任實踐的四個層次〉,《高等教育研究紀要》,（12）：47-68。

蒲　陽、賞剛、鄭光輝、王慎敏（2016），〈「教學—實踐—研究」三位一體發展模式研究——以自然地理與資源環境專業為例〉,《大學教育》,（12）：21-23。

趙琳輝（2006），〈民眾對垃圾減量及資源回收知識、態度、行為之研究——以桃園地區為例〉，《國立中央大學博士論文》。

劉秀曦（2019），〈從大學和企業的社會責任觀點談人才培育政策〉，《臺灣教育評論月刊》，8（1）：43-47。

劉　忠、胡滿銀（2004），〈環境工程專業課程設計和畢業設計（論文）教學環節改革與實踐〉，《華北電力大學學報（社會科學版）》，2004（s_1）：363-365。

潘　晶、李光哲、彭天燕、金海濤、於靖蕭、山清池、郭一靜（2016），〈環境科學專業實踐教學改革研究〉，《瀋陽師範大學學報（自然科學版）》，34（1）：121-124。

蔡小婷（2014），〈AACSB 2013認證新標準與臺灣現況〉，《評鑑雙月刊》，47：51-56.

盧素錦、侯傳瑩、周燕平、袁坤宇、喬婭、楊潔、孫樹嬌（2016），〈青海大學環境科學專業應用型人才培養實踐教學模式的研究與實踐〉，《中國校外教育》，（2）：27-27。

謝春國（2016），〈以就業為導向的環境設計專業實踐教學改革與研究〉，《文藝生活・文海藝苑》，7：206-207。

蘇良委（2020），〈推動大學社會責任對學生社會參與行為意願影響研究〉，《國立中山大學公共事務管理研究所碩士論文》。

The Effects of English Videoconferencing Tutoring Classes on English Learning in Rural Elementary Schools in Pingtung

Wan-Chu Su[*]; Yi-Ching Pan[**]

Abstract

As a result of recent technological advancements, distance education including synchronous and asynchronous instruction is now quite common for different stages of education owing to its availability beyond time or spatial limitation. In cooperation with the Ministry of Education, there is a number of institutions and schools in Taiwan that carry out videoconferencing tutoring classes, which make up one such synchronous instruction mode. Through simultaneous implementation of central and local institutions, videoconferencing tutoring classes have greatly benefited students around Taiwan, yet few studies have examined the effects of English videoconferencing tutoring classes on children's English learning motivation and outcomes. Therefore, this study explores the impacts of this technology on children's English learning by evaluating whether these tutoring classes enhance children's English learning

* Tainan Municipal Shanhua District Shantang Elementary School.
** National Pingtung University.

motivation and outcomes. To this end, we utilize quantitative data from forty rural elementary school students who were recruited to fill in motivation questionnaires and given pre- and post-tests after a ten-week diverse and interesting English tutoring program. Interviews with five selected students serve as qualitative data. The results of pre- and post-tests indicate that 3rd- to 6th-grade students made progress in their English learning through videoconferencing tutoring classes, but the scores do not achieve statistical significance. The results of the motivation questionnaires also reveal that videoconferencing instruction is useful for raising elementary school students' motivation toward English learning although the degree of impact varies among students. Incorporating real-life content such as vocabulary, sentence patterns, and dialogues related to local cuisine, tourist attractions, also promotes students' application of what they have learned and enhance their ability to introduce their hometown in English. Finally, this study helps determine whether videoconferencing tutoring classes benefit students who are learning a language and therefore offers pedagogical implications for online English instructions.

Keywords: videoconferencing tutoring classes, motivation and learning outcomes, rural education

線上英語輔導對屏東偏鄉小學
英語學習成效之影響

蘇莞筑*、潘怡靜**

摘　要

　　由於科技的進步，不受時間或空間上限制的同步遠距教學已是現今各求學階段常見的教學方式。臺灣目前已經有許多機構和學校與教育部合作，進行同步視訊教學課程。透過中央與地方共同的執行與提倡，全臺各地已有許多學生從視訊課程中受益良多，然而目前很少探討英語視訊課輔教學對於國小學童英語學習動機與成效的影響。為此，三所屏東偏鄉國小共40位接受英語視訊輔導的小學生為本研究對象，經過10週多元有趣的英文輔導課程，蒐集學童填寫的動機量表問卷，前後測成績，以及其中5位學生訪談作為本研究量化與質化的分析資料。前後測的結果顯示，透過英語視訊輔導教學，三到六年級學生的英文皆有進步，但並沒有達到統計上的顯著。動機量表問卷與訪談結果顯示，視訊輔導教學的內容、教材以及教學方式皆會提升學童英語學習動機，但對學童的影響程度不一。另外，生活化的內容，例如在地美食、景點⋯⋯等的單字、句型、對話練習能促進學童應用所學，進而提升用英語介紹自己家鄉的能力。最後，本研究對視訊輔導教學及偏鄉英文輔導教學的研究方向提供建議。

關鍵字：視訊輔導課程，學習動機與成效，偏鄉英文教育

---

*　臺南市善化區善糖國小英語教師。
** 國立屏東大學應用英語學系副教授。

Background Motivation

Taiwan's Ministry of Education launched Open Redirect Vulnerability in 2016, which aims to strengthen the applied technology skills of underprivileged people and children. This program includes three main parts: Digital Learning Partners, Digital Opportunity Center, and Information Volunteers (Ministry of Education, 2015). The main purpose of Digital Learning Partners is to develop children's ability to learn online beyond the spatial limitations by utilizing videoconferencing equipment and online learning platforms. However, four years before Open Redirect Vulnerability, Rotary International District 3510 had already collaborated with the Bureau of Education, Kaohsiung City Government to promote and implement the Remote Area English Tutoring Project. During the project, college and senior high school students tutored elementary school children in rural areas in learning English through videoconferencing. In 2016, Rotary International formally signed an agreement with the Ministry of Education to implement the project throughout Taiwan (Lin, 2019). In aggregate from 2012 to 2018 for Kaohsiung, Pingtung, and Taitung, there are 1,679 college and senior high school students and 1,305 elementary school children participating in this project, including National Pingtung University (Local True Taiwan, 2018).

Even though learning through videoconferencing is a common learning method nowadays, few studies examine the effects of English videoconferencing tutoring classes on children's learning motivation and outcomes. Therefore, this study explored the impacts of this technology on children's English learning. The results of this study should help in understanding the perceptions of technology-assisted language learning of primary students. Furthermore, the feedback from the students can become a reference for teachers to design future educational material more properly.

Research Purpose

The aim of this study is to explore the effects of English tutoring classes through videoconferencing technology on English learning. By collecting quantitative data from forty 3rd- to 6th-grade students, we investigated whether videoconferencing tutoring classes improve their motivation and learning outcomes. The results should assist teachers at designing videoconferencing-related teaching materials.

Research Questions

We address the following research questions to explore the aforementioned research purposes.

1. Do English videoconferencing tutoring classes enhance students' English learning outcomes?
2. Do English videoconferencing tutoring classes enhance students' motivation to study English?

Literature Review

There are four parts in this literature review. The first part is the definition of distance education. The second part covers the definitions of intrinsic motivation and extrinsic motivation. The third part focuses on some studies regarding learning motivation through videoconferencing. The last part mentions research related to language learning outcomes through videoconferencing.

Definition of distance education

Distance education generally means a different time or different place model (Papalas, 2013). According to U.S. federal regulations, "distance education" is defined as education in which the instructors use technologies to deliver instruction to students from a distance or in separated places (Federal Regulations, 2019). Owing to technological progress, students and instructors can interact with each other out of spatial limitations. Scott (2012) stated that they even do not need to be present and available at the same time because of asynchronicity.

There are three modes of instruction and learning in distance education: synchronous instruction, asynchronous instruction, and blended/hybrid instruction (Chen & Chang, 2017). Blended/hybrid instruction is a combination of traditional instruction, synchronous instruction, and asynchronous instruction (Shieh, 2009).

The type of distance education we explore in this study, videoconferencing tutoring classes, is synchronous instruction. It is an instructional project lasting twelve weeks. During the period, college students teach elementary school students from rural areas once a week one by one. The class for each week lasts forty minutes. With videoconferencing technology, it is possible and more convenient for students to learn things from a far distance out of spatial limitation.

Definitions of intrinsic motivation and extrinsic motivation

How individuals perceive the reasons for their behaviors helps decide whether the actions belong to intrinsic or extrinsic motivation (Lepper, Corpus, & Iyengar, 2005). Legault (2016) defined intrinsic motivation (IM) as engagement in behavior in which a person has a sense of satisfaction or enjoyment innately. Intrinsic motivation is also defined by Ryan and Deci (2000) as the action of participating in an activity for inherent satisfactions. For extrinsic motivation

(EM), Legault (2016) referred to it as behavior performance based on the attainment of outcomes that are not fundamentally related to the action itself. Extrinsic motivation also means doing something as a means to an end (Locke & Schattke, 2018).

The intrinsic motivations of primary school students in this research are likely the interests in learning English so as to (1) understand what English songs and movies are about, (2) have the ability to speak English fluently like some singers or movie stars who are native speakers, or (3) travel around the world someday without any communication problems. Extrinsic motivations could entail getting high scores on English tests for pursuing higher education or having more opportunities for better future jobs. In this research we investigated whether videoconferencing contents, materials, and instruction enhance children's English learning motivation.

Studies regarding learning motivation through videoconferenceing

Videoconferencing has been used for different purposes and is especially useful as a foreign language education tool for reaching rural or more remote areas without prohibitive costs to hire instructors (Thompson & Nutta, 2015). Thompson and Nutta (2015) conducted research on the Foreign Language in Elementary Schools (FLES) program of the United States, noting three types of Spanish learning: synchronous videoconferencing, videotapes, and on-site Spanish teacher-directed lessons. Their research results showed that primary students enjoy on-site courses more than videoconferencing, followed by videotapes. The students revealed more passion in learning languages in their daily lives, but they stated that videoconferencing instruction to some extent limits them to creative expression due to the structured speech. In other words, videoconferencing classes limit students' expression, but strengthen most students' enthusiasm and behavior for language learning.

In Taiwan, Lin (2012) mentioned that videoconferencing courses signify-cantly enhance students' learning motivation. This may be attributed to one-by-one instruction and the tutors' prior understanding of students' background knowledge, learning abilities, needs, etc.

Studies regarding learning outcomes through videoconferencing

Papalas (2013) conducted empirical research comparing the outcomes of learning French between face-to-face and videoconferencing sessions. The results showed that students taking the videoconferencing classes scored a little higher than face-to-face courses on two out of three chapter tests, final oral exam, and total grade average. However, they slightly scored lower on the final written exam. Papalas (2013) also mentioned that, during distance education (DE) courses in this case, the students and instructor herself spent an estimated one-fifth of class time dealing with technical problems. According to the results, we infer that videoconferencing enhances oral competence, but promotes writing skills to a lesser degree. Moreover, some technical problems might affect the learning outcomes among the whole class.

In terms of related literature in Taiwan, Lin (2012) conducted research regarding the Chinese and Mathematics learning outcomes of thirty-five 3rd- to 6th-grade students. By comparing students' mid-term and final exam rankings in class, the results showed that fifteen of them made progress. Ten of the students got worse, and the other ten got neither better nor worse. We therefore presume that videoconferencing courses do relatively enhance students' learning outcomes.

Lin (2018) also conducted a case study interview to figure out students' perceptions of online tutoring through videoconferencing. The 4th- to 6th-grade students in her study reported that they can learn vocabulary through various methods, have more confidence in speaking English, etc. However, some technological problems and insufficient class duration triggered some negative perceptions. In sum, students revealed positive attitudes toward language learning through videoconferencing in spite of some negative viewpoints.

We summarize the aforementioned studies below in Table 1.

Table 1: Empirical Videoconferencing-related Studies between 2012 and 2018

Author(s)	Year	Research Topic	Subjects	Findings
Thompson, G. L. & Nutta, J.	2015	Videoconferencing in Spanish learning	5th-grade students	They had more passion for learning language, although there was some limitation of expression.
Lin, J. H.	2012	Students' motivation for distance tutoring	3rd-6th-grade students	Their learning motivation was enhanced significantly through distance tutoring. Over 1/3 of them made progress on the final exam compared with the mid-term exam.
Papalas, M.	2013	Synchronous distance education for French learning	College students	Distance education students scored higher on the final oral exam, but lower on the written exam than traditional students.
Lin, Y. Y.	2018	English online tutoring program at a rural area elementary school	4th- to 6th-grade students	They benefited from the program and displayed positive attitudes during online tutoring.

There is little research in Taiwan exploring how instruction contents, materials, and mode of English videoconferencing tutoring classes actually affect elementary school students' English learning motivation. Thus, we explored whether different elements of English videoconferencing tutoring classes enhance students' English learning motivation in order to provide references for designing teaching strategies and materials through videoconferencing.

Even though similar technical problems may appear, most students in our research should not be influenced by the form of one-by-one instruction instead of whole class instruction, because of the separated equipment. We thus evaluated the learning outcomes more precisely in the context of the smaller scale of technological obstacles.

Methodology

Research Design

We compose the design of this research in two main sections: questionnaire surveys and pre- and post-tests. Each section has four parts, as seen in Figure 1: recruiting participants, validating instruments, collecting data, and analyzing data.

Recruiting Participants

Pre- and Post-tests:

- 37 rural elementary school students
- Background data: Grade and Gender

Questionnaire Surveys:

- 40 rural elementary school students
- Background data: Grade and Gender

Validating Instruments

Pre- and Post-tests:

- Vocabulary
- Grammar
- Question-Response
- Unscrambled sentences

Questionnaire Surveys:

- Videoconferencing contents
- Videoconferencing materials
- Videoconferencing instruction

Collecting Data

Pre- and Post-tests:

- First and last weeks of the videoconferencing tutoring classes
- 15 minutes

Questionnaire Surveys:

- Last week of the videoconferencing tutoring classes' instruction

Analyzing Data

Pre- and Post-tests:

- Inferential Statistics (T-test)

Questionnaire Surveys:

- Descriptive Statistics (Means, Frequency, Standard deviation)

Figure 1: Research Design

Participants

The participants are forty rural elementary school students who were recruited to fill in the motivation questionnaires, but because of some personal reasons, 37 of them took the pre- and post-tests. The details are shown in Table 2.

Table 2:   Breakdown of the Participants (N=40)

	School A		School B		School C				Total	
Grade	3		4		5		6			
Gender	M	F	M	F	M	F	M	F	M	F
	4	1	4	2	7	2	11	9	26	14
Total									65%	35%

Instruments

The instruments utilized for this study are (a) pre- and post-tests and (b) questionnaires, which we discuss below.

A   Pre- and post-tests

In the pre-test/post-test measurements, we include four sections as the test items: (1) Vocabulary, (2) Grammar, (3) Question-Response, and (4) Unscrambled sentences, so as to measure whether the participants have improved their English. The contents of the tests are designed based on an English textbook for elementary school students, Dino on the Go! Book 2, 4, 6 (Liang, 2020), and 8 (Su, 2020), which approximately fit their English proficiency level. The details are listed in Table 3 below.

Table 3:   Items of Pre-test and Post-test

Grade	Vocabulary	Grammar	Question-Response	Unscrambled Sentences	Total Items	Percentage
3	3	2	1	1	7	35%
4	3	2	1	1	7	35%
5	0	1	1	1	3	15%
6	0	1	1	1	3	15%
Total Items	6	6	4	4	20	100%

B   Questionnaires

In the questionnaire survey, there are three categories targeting students' learning motivation: whether the (1) contents, (2) materials, and (3) instruction mode of videoconferencing enhance their English learning motivation. The questionnaire in this study is modified from research done by Chen (2005), Lepper et al. (2005), and Ma et al. (2019), with eight items in each category and twenty-four in total, on a five-point Likert scale ranging from "strongly agree (5 points)" to "strongly disagree (1 point)".

Cronbach's alpha coefficient was utilized to detect the reliability of the motivation questionnaire. The internal-consistency reliability of the whole questionnaire produced a standard Cronbach of .98. For each category and value listed as Table 4, Videoconferencing contents were .95 (items 1 to 8), Videoconferencing materials were .94 (items 9 to 16), and Videoconferencing instruction was .91 (items 17 to 24). These statistics suggest that the questionnaires were reliable for investigating different elements enhancing students' learning motivation and outcomes.

Table 4:   Reliabilities of the Questionnaire

Category	Item	Cronbach Alpha value
Videoconferencing contents	1-8	.95
Videoconferencing materials	9-16	.94
Videoconferencing instruction	17-24	.91
All the categories	1-24	.98

Data collection procedure

Nine students from 3rd- to 6th-grade were first invited to assess the pre-test in order to provide a reference for adjustments regarding the test time and the clarity of the instructions in each part. In addition, the questionnaire of learning motivation was revised after being reviewed by the advisor. At the first class of videoconferencing English, the students took the pre-test through online Google Forms, guided by their tutors. After the pre-test, the students received online English instruction for forty minutes per week, lasting ten weeks. In the last week, they were asked to take the post-test and fill the motivation questionnaire both with online Google Forms after finishing all the classes. Finally, the researcher collected, computed, and analyzed the pre-test and post-test and questionnaires to have a discussion about the results.

Data analysis

IBM SPSS Statistics 22 was used to analyze the quantitative data. In research question one, paired-sample t-tests were used to explore the students' learning outcomes after receiving English videoconferencing instruction. Descriptive statistics were used in research question two. Data regarding mean value, standard deviation, etc. were analyzed to understand the effects of videoconferencing contents, teaching materials, and instruction on elementary school students' motivation to learn English.

Results & Discussion

In this chapter, the two research questions are discussed respectively. First, the scores of the pre-tests and post-tests are analyzed to provide further explanation regarding students' learning outcomes. In the second part, we present the most influential factor of videoconferencing tutoring classes and the top two and the bottom two components in the three different categories to discuss their influences on students' learning motivation.

Findings of Research Question 1

Research Question One:

Do English videoconferencing tutoring classes enhance students' English learning outcomes?

The first research question was for a comparison of 3rd- to 6th-grade students' test scores about English vocabulary, grammar, question-response, and unscrambled sentences before and after videoconferencing English instruction intervention. The Paired Sample T-test was employed to explore whether the students showed significant improvement. The findings are: (1) the 3rd-grade students made the most progress among all; and (2) the overall post-test score of all the participants was higher than the pre-test one, but did not reach a statistically significance. Table 5 below presents the test scores before and after videoconferencing English instruction intervention, with details discussed below.

Table 5:   Paired Sample T-test of Pre-test and Post-test (N = 37)

Grade		Mean	SD	T-value	Sig. (2-tailed)
3	Pre-test	36.25	12.50	-1.800	.170
	Post-test	47.50			
4	Pre-test	36	8.22	-.272	.799
	Post-test	37			
5	Pre-test	69.44	6.35	-.263	.799
	Post-test	70			
6	Pre-test	71.05	17.51	-.590	.563
	Post-test	73.42			
	Pre-test	61.29	20.64	-1.359	.182
	Post-test	64.10	18.53		

According to the data above, the mean scores of the English pre-test from 3rd- to 6th-grade are 36.25, 36, 69.44, and 71.05, respectively. The post-test scores are 47.5, 37, 70, and 73.42. The overall scores of pre-test and post-test are 61.29 and 64.10. A comparison of the mean scores for the pre-test and post-test indicates that students in different grades all made progress in the English tests. Among all the results, the progress of the 3rd grade students was the most and much higher than students in other grades with an average improvement of 11.25 points. This improvement might be attributed to students' higher interests when they first started to learn English and lower original scores. Some of the findings are consistent with Elder and O'Loughlin (2003) and Green (2005, 2007a, 2007b) in that learners at lower levels of proficiency at first make more rapid progress. However, the original scores of 4th-grade students were also at a lower degree on average, but the students did not make great progress like the 3rd-grade students did, which is consistent with Pan (2016). Therefore, it could be inferred that students' original proficiency is not necessarily a sole predictor of their score gains in this study. The actual causes can be further explored in future studies.

As Table 5 reveals, the overall post-test score was 2.81 points more than the pre-test, but the score improvement did not reach statistical significance (t (37) = -1.359, p = .182). The finding of this measurement is consistent with Lin (2012). Lin (2012) investigated the improvement of thirty-five 3rd- to 6th-grade students after Chinese and Mathematics online tutoring. The average scores of Chinese and Mathematics on the final exam were higher than in the mid-term, but the improvement was not much. In terms of language learning, the result of the Chinese tests reveals that the mode of videoconferencing instruction relatively improves students' learning outcomes, but not significantly. Lin (2012) further explained that the little progress the students made could be attributed to their long-term insufficient educational resources, which triggered lower learning ability that affected the absorption of learning contents. Despite some weakness, online tutoring instruction gave the students a sense of achievement and raised their learning willingness (Lin, 2012). Therefore, the final test scores were still slightly higher, and online tutoring exhibited positive learning effects on students.

Because this study's participants are similar to those in Lin (2012), rural elementary school students ranging from 3rd-to 6th-grade, we infer that the students in this study might also be affected by insufficient educational resources for a long time. The insufficient educational resources in this study include lower frequency of videoconferencing tutoring at only one hour per week and under a short duration of ten hours in total. This study and the one done by Houge and Geier (2009) are different, as the latter provided a higher frequency and longer period of one-to-one online tutoring at two hours per week and sixteen hours in total. The results in Houge and Geier (2009) indicated that post-test scores show statistically significant growth compared to pre-tests, consequently suggesting that higher frequency and longer duration improve online tutoring learning outcomes. If the intensity of instruction and the instructional hours can be enhanced and increased more in future research regarding the videoconferencing tutoring program, then the result might reveal a significant improvement like that in Houge and Geier (2009). In addition, one of the elements of insufficient educational resources in this study is that students in rural areas might not attend extra tutoring classes after school, because of the far distance of communication between home and school (Huang, Liu, Huang, 2012). The students would therefore have less opportunity to learn or review what they have learned. Owing to the aforementioned elements of insufficient educational resources, the learning outcomes of the participants in this research are to some extent affected, which results in limited improvement.

Findings of Research Question 2

Research Question Two:

Do English videoconferencing tutoring classes enhance students' motivation to study English?

In research question two, descriptive statistics were adopted to investigate whether the videoconferencing tutoring classes increase students' motivation to learn English. The results of the motivation questionnaire are shown in Table 6 to Table 9. In order to examine the detailed elements affecting students' learning motivation, the most influential factor and the top two and the bottom two items in the three different categories are further discussed below.

Table 6: Descriptive Statistics of the Motivation Questionnaire for Each Category

Category	Mean	SD
Videoconferencing contents	4.43	.82
Videoconferencing materials	4.33	.85
Videoconferencing instruction	4.46	.76

4.2.1 The Most Influential Factor among the Three Categories

The mean scores of videoconferencing contents, materials, and instruction are 4.43, 4.33, and 4.46 respectively. The mean of each item is over four points, suggesting that most students reveal positive attitudes toward videoconferencing contents, materials, and instruction, and their learning motivation is also raised by the three components after videoconferencing tutoring classes. According to the above data, the most influential factor among all is videoconferencing instruction, mostly focusing on the interaction between tutors and tutees for 3rd- to 6th-grade students in this study. The result is consistent with the research done by Lin (2015), investigating elementary school students' learning efficacy from college students' perspective. Lin (2015) indicated that compared with class contents and teaching materials, the interaction and feedback in online tutoring classes relatively benefit students' learning through technology. The results could therefore infer that class interaction is the main factor affecting students' motivation to learn.

Table 7: Descriptive Statistics of the Motivation Questionnaire Regarding Videoconferencing Contents

Category	Item	Rank	Mean	SD
	Games designed by the tutor make learning English more interesting.	2	4.58	.75
	I absorb learning contents more efficiently by learning through interesting videoconferencing activities.	1	4.55	.68
	The tutor always reviews what I learn after class, and this helps me get familiar with the contents.	4	4.50	.72
	Games designed by the tutor make me concentrate more in class.	3	4.45	.78
Videoconferencing contents	The videoconferencing contents are at an appropriate level, and so I can easily understand and learn a lot.	7	4.43	.78
	I can review what I have learned in English class at school through the contents of videoconferencing tutoring classes.	5	4.40	.90
	Even though the contents are sometimes difficult for me, I still try my best to learn.	8	4.30	.94
	I am interested in the contents of videoconferencing tutoring classes, because they are related to English conversation in my daily life.	6	4.23	.97

Table 8: Descriptive Statistics of the Motivation Questionnaire Regarding Videoconferencing Materials

Category	Item	Rank	Mean	SD
Videoconferencing materials	The various teaching materials (e.g. power points, songs, videos, games) are interesting, and so I look forward to every videoconferencing tutoring class.	13	4.50	.72
	Doing practices and playing games make learning English more interesting.	12	4.48	.82
	The designs of the videoconferencing teaching materials are interactive, and so I am more willing to learn English.	14	4.40	.78
	The videoconferencing teaching materials are designed from easy ones to difficult ones, and so my English improves.	16	4.35	.74
	I like learning English more, because of the various pictures on the teaching materials of videoconferencing tutoring classes.	10	4.35	.74
	The interactive teaching materials (e.g. drawing and typing) help me remember the vocabulary and sentences more easily.	15	4.28	.93
	The songs and videos related to the learning contents help me learn English vocabulary more quickly.	11	4.23	.97
	After watching English-learning videos in the videoconferencing tutoring classes, I want to learn English better in order to watch other English videos I like.	9	4.05	1.06

Table 9:　Descriptive Statistics of the Motivation Questionnaire Regarding Videoconferencing Instruction

Category	Item	Rank	Mean	SD
Videoconferencing instruction	I think speaking English is not that difficult, because the tutor always speaks English with me in class.	19	4.60	.63
	I look forward to every videoconferenceing tutoring class, because the tutor is interesting when teaching English.	22	4.60	.67
	I have more opportunities to ask questions because of the intense interacttion with the tutor.	20	4.50	.72
	I am more willing to ask questions, because videoconferencing tutoring classes are relaxing.	24	4.48	.72
	It is convenient to learn English with the computer screen and Videoconferencing equipment.	23	4.38	.70
	One-by-one instruction helps me absorb learning contents more efficiently.	18	4.38	.84
	I can speak English more confidently, because of frequent oral practice in videoconferencing tutoring classes.	17	4.35	.89
	I am more confident in learning English, because the tutor always encourages me during videoconferencing tutoring classes.	21	4.35	.92

The Top Two Items in Each Category

According to Table 7, the top two items of videoconferencing contents are as follows: (1) games designed by the tutor make learning English more interesting (mean = 4.58); and (2) I absorb learning contents more efficiently by learning through interesting videoconferencing activities (mean = 4.55). This indicates that activities regarding English learning done in a one-by-one mode raise students' interests in learning English and thus increase their language acquirement in class.

The top two items in videoconferencing materials presented in Table 8 are: (1) the various teaching materials (e.g. power points, songs, videos, games) are interesting, and so I look forward to every videoconferencing tutoring class (mean = 4.50); and (2) doing practices and playing games make learning English more interesting (mean = 4.48). With advanced technology, teaching and learning materials are more varied, because of the multifunctional instruction tool. As a result, the diversity of videoconferencing materials enriches online instruction and increases students' learning willingness more effectively.

Regarding videoconferencing instruction, the top two items shown in Table 9 are: (1) I think speaking English is not that difficult, because the tutor always speaks English with me in class (mean = 4.60); and (2) I look forward to every videoconferencing tutoring class, because the tutor is interesting when teaching English (mean = 4.60). The statistics indicate that most students are relatively strongly motivated to speak English and are engaged in English learning after videoconferencing tutoring classes, because of the positive relationship built by tutors' teaching attitudes and the interaction between tutors and tutees.

The Bottom Two Items in Each Category

The bottom two items in videoconferencing contents are as follows (see in Table 7): (1) I am interested in the contents of videoconferencing tutoring classes, because they are related to English conversation in my daily life (mean = 4.23); and (2) even though the contents are sometimes difficult for me, I still try my best to learn (mean = 4.30). Compared with the activities, students revealed less interests in daily English, and their learning willingness might be reduced owing to challenges or difficulties that exist in online classes.

According to Table 8, the bottom two items in videoconferencing materials are: (1) after watching English-learning videos in the videoconferencing tutoring classes, I want to learn English better in order to watch other English videos I like (mean = 4.05); and (2) the songs and videos related to the learning contents help me learn English vocabulary more quickly (mean = 4.23). The results indicate that despite the diversity of interesting videoconferencing materials, the attractiveness of detailed ingredients or contents of specific materials is likely to some extent affect students' learning motivation and effectiveness.

As presented in Table 9 the bottom two items in videoconferencing instruction are: (1) I am more confident in learning English, because the tutor always encourages me during videoconferencing tutoring classes (mean = 4.35); and (2) I can speak English more confidently because of frequent oral practice in videoconferencing tutoring classes (mean = 4.35). It could be inferred based on the results that intrinsic quality of individuals, such as confidence in this study, might not improve that much in a short period of one-by-one tutoring.

According to the results of the motivation questionnaires, the top two items in videoconferencing contents, materials, and instruction mostly relate to high-frequent interaction between tutors and tutees, while the bottom two items in each category mostly regard one-way communication. As the top two items presented in Table 7 to 9, most of the students display positive attitudes and enthusiasm towards online instruction, which is consistent with Thompson and Nutta (2015), Lin (2012), and Lin (2018). Moreover, over 60% of the participants in Cheng (2015) stated that they were motivated to learn with online support. The videoconferencing tutoring classes in this study feature one-by-one interesting activities, well-engaging guidance, frequent interaction, and instant feedback, as most online instructions do. As the results indicate, these components classified as intrinsic motivation gains, engagement for inherent satisfactions, or enjoyment (Legault, 2016; Ryan & Deci, 2000) are successfully stimulated by online instruction to contribute to elementary school students' English learning efficacy. However, some possible reasons that might affect their learning motivation are discovered from the analysis of the bottom two items in each category. The results of the bottom two items of three different categories indicate that in the period of one-way communication, when tutees are receiving corrections, guidance, etc. from tutors, tutees' feelings or reactions might be mostly made on their own rather than created by the relationships or interaction between tutors and themselves. Therefore, their learning willingness might be affected by individual differences, including the preference of learning contents, different English proficiency level, and intrinsic personal reasons such as characteristics. An inference could be also explained based on previous studies in that students might feel offended by tutors' explanations and requests (Brummernhenrich, B. & Jucks, R., 2013), and some could feel frightened when being asked questions during videoconferencing (Thompson & Nutta, 2015). In addition, the length of teaching material such as videos could be one of the possible reasons reducing students' learning motivation and interests, because there is a lack of interaction during watching videos. Students' motivation and interests would thus decrease. To sum up, although some influential components causing less interest and engagement of online learning might exist in the process of videoconferencing, the overall online instruction obviously motivates most students to learn English.

Conclusions

This study explored the impacts of English videoconferencing tutoring classes on elementary school students' English learning. Thus, the goal of the study is to explore whether children's English learning motivation and outcomes could be enhanced through videoconferencing technology. The participants of the research were forty students from rural elementary schools, who were recruited to take pre- and post-tests and fill in motivation questionnaires for the collection of quantitative data. This section presents three parts: (1) summary of the findings, (2) pedagogical implications, and (3) limitations and suggestions for future research.

Summary of the Findings

There are two measurements adopted in this study to evaluate 3rd- to 6th-grade students' English learning motivation and outcomes: (1) pre- and post-tests and (2) motivation questionnaires. The results of the pre- and post-tests indicated that even though the overall test scores did not reach a statistically significance due to long-term exposure to insufficient educational resources in rural areas, 3rd- to 6th-grade students did make progress in their English learning after videoconferencing tutoring classes. The results of the questionnaires also revealed that the means of the items regarding motivation are mostly over four points. Among the three categories, videoconferencing contents, materials, and instruction, the mode of online instruction was the most influential element doing good to students' engagement in online tutoring classes. Specifically, students revealed higher motivation under frequent interaction than with one-way communication. However, some long videos played in class and a few negative personal reactions to videoconferencing such as students' feelings toward difficult or non-interesting materials might lower their learning motivation. Despite some potential components reducing learning motivation and willingness, videoconferencing instruction is helpful for motivating students to learn English.

Pedagogical Implications

This study has examined elementary school students' English learning motivation and outcomes after taking online videoconferencing tutoring classes. Based on the findings of this research, two pedagogical implications may provide some suggestions for teachers to design videoconferencing tutoring classes benefiting more students.

First, according to the motivation questionnaires regarding videoconferenceing contents, materials, and instruction, the top two items listed indicate that students showed high interests in online learning, because of appealing interactions, frequent communications, and instant feedback from tutors. In the process of tutoring, tutors left chances to tutees, 3rd- to 6th-grade students in this study, to respond to them, which effectively raised the students' learning motivation. The results suggest teachers take advantages of the effects brought by positive interactions to attract children's attention when giving videoconferencing instructions. In this way, students might further obtain significant improvement built upon higher motivation in the future.

Second, the results of the bottom two items in each category revealed that students might have less interests in learning something that is not useful or related to daily lives. Teachers could consequently get to know more about the students and then adjust the materials for effective instruction. Furthermore, in order to maintain students' high motivation and engagement and prevent disturbance for individual reasons, materials such as videos could be limited to within one minute in length to minimize the time without any interaction or feedback. Through the adjustment, the points of the bottom two items regarding videoconferencing contents, materials, and instruction in the questionnaires could likely be raised like other components.

Limitations and Suggestions

Due to the limited time of the videoconferencing tutoring classes, this study investigated students' English learning outcomes after only ten weeks of instructtion. The duration might not be long enough for students to reach significant improvement. Therefore, it is suggested to extend the time of online instruction to effectively enhance learning outcomes. In addition, there were only forty participants in total and the numbers of each grade level were unequal, and so differential analysis could hardly be done to understand the differences among different ages and proficiency levels. An equal number with a minimum of 16 students for each grade would be preferable for investigation. The contents of pre- and post-tests could also be designed at a different level, fitting students of different grades. According to the observation on videoconferencing tutoring classes, oral tests could be added to evaluate the improvement more precisely because of the massive speaking practice in online classes. Moreover, if some qualitative data could be collected from interviews and classroom observation, then the detailed results of the collection might provide a deeper understanding of students' motivation and learning efficacy after videoconferencing online tutoring.

References

Local True Taiwan (2018). Online teaching broadens the horizons of rural children. Taiwan Formosa News. Retrieved from https://www.youtube.com/watch?v=hacOrMFWEQ4&feature=player_embedded

Lin, S.G. (2019). Delivering love to rural areas through Rotary International online English tutoring program. Rotary District 3510. Retrieved from https://www.rid3510.org/eventdetail.html?actid=E67D822B-DAB9-433D-8F1C-0527CFD822AF

Liang, Y.F. (2020). Dino on the Go! Book 2. Tainan City, Taiwan: Han Lin Publishing Co., LTD.

Liang, Y.F. (2020). Dino on the Go! Book 4. Tainan City, Taiwan: Han Lin Publishing Co., LTD.

Liang, Y.F. (2020). Dino on the Go! Book 6. Tainan City, Taiwan: Han Lin Publishing Co., LTD.

Su, J.N. (2020). Dino on the Go! Book 8. Tainan City, Taiwan: Han Lin Publishing Co., LTD.

Shieh, Z.R (2009). Brief discussion about blended instruction (Unpublished Master's Thesis). National University of Tainan, Tainan City, Taiwan.

Brummernhenrich, B. & Jucks, R. (2013). Managing Face Threats and Instructions in Online Tutoring. *Journal of Educational Psychology. 2013, 105*(2), 341-350. doi: 10.1037/a0031928

Chen, C. H. (2005). The Impacts of Information Technology Integrating into Physical Education on Motor Skills Learning and Learning Motivation for the 5th Grade Elementary School Students.

Cheng, H. F. (2015). Student's Perceptions of Online Academic English Tutoring. *Journal of Pan-Pacific Association of Applied Linguistics. 19*(1), 183-194.

Chen, C. F. & Chang, Y. P. (2017). Instructional Design and Classroom activities in Computer Science Distance Education: A Case Study of Digital Executive Master's Program. *The Journal of Open and E-Learning,* (7), 108-129. doi: 10.6748/JOEL.201710 (7).07

Elder, C. & O'Loughlin, K. (2003). Investigation the relationship between intensive English language study and band score gain on IELTS. In R. Tolloh (Ed.), *IELTS Research Report 4* (pp. 207-254). Canberra: IELTS Australia Pty Limited.

Federal Regulations (2019). 34 C.F.R. § 600.2. Retrieved from https://www.ecfr. gov/cgi-bin/retrieveECFR?gp=&SID=9c900c0a86b669951439b49e386 97898&mc=true&n=pt34.3.600&r=PART&ty=HTML#se34.3.600_12

Green, A. (2006a). Washback to the learner: Learner and teacher perspectives on IELTS preparation course expectations and outcomes. *Assessing Writing, 11*(2), 113-134.

Green, A. (2006b). Watching for washback: Observing the Influence of the International English Language Testing System Academic Writing Test in the classroom. *Language Assessment Quarterly: An International Journal, 3*(4), 333-368.

Green, A. (2007a). *IELTS washback in context: Preparation for academic writing in higher education.* Cambridge: University Press.

Green, A. (2007b). Washback to learning outcomes: A comparative study of IELTS preparation and university pre-sessional language course. *Assessment in Education, 14*(1), 75-97.

Houge, T. T. & Geier, C. (2009). Delivering One-to-One Tutoring in Literacy via Videoconferencing. International Reading Association. *Journal of Adolescent & Adult Literacy, 53*(2), 154-163. doi:10.1598/JAAL.53.2.6

Huang, Y. Y., Liu, Z. F., & Huang, C. W. (2012). A Narrative Inquiry of Participating of an Online Tutoring Program: Reflections from Disadvantaged

Students, Rural Area Education and Online Tutoring. National Taiwan University of Science and Technology. *Journal of Liberal Arts and Social Sciences 2012, 8*(3), 189-216

Lepper, M. R., Corpus, J. H., & Iyengar, S. S. (2005). Intrinsic and Extrinsic Motivational Orientations in the Classroom: Age Differences and Academic Correlates. *Journal of Educational Psychology. 2005, 97*(2), 184-196. doi: 10.1037/0022-0663.97.2.184

Lin, J. H. (2012). The Evaluation of Remedial Instruction Effectiveness for Distance Assist Tutoring; The Learning Motivation of Students. National Yunlin University of Science & Technology, Yunlin County.

Lin, J. H. (2015). The Effect of After-School Online Tutoring Based on the Mode of Technology-Mediated Learning. National Yunlin University of Science & Technology, Yunlin County.

Legault, L. (2016). Intrinsic and Extrinsic Motivation. doi: 10.1007/978-3-319-28 099-8_1139-1 Retrieved from https://www.researchgate.net/publication/ 311692691

Lin, Y. Y. (2018). A Case Study on an English Tutoring Program at a Rural Area Elementary School. National Pingtung University, Pingtung County.

Locke, E. A. & Schattke, K. (2018). American Psychological Association. Intrinsic and Extrinsic Motivation: Time for Expansion and Clarification. Retrieved from http://dx.doi.org/10.1037/mot0000116

Ministry of Education (2015). Open Redirect Vulnerability (2016-2019). Retrieved from https://ws.moe.edu.tw/Download.ashx?u=C099358C81D4876C72 5695F2070B467E436AA799542CD43D5711AD00AECEBE9E8A75B9 8F27C7344A366B1683771E9B899BF52B66B2CA7153CF050D2CEA4 D1D1C5BDEE9D50E3F295256D76A837BD0FBBE&n=9C7FB99A92 92FCA2E11BD6DCD683E2C5E3073F814E6E2353A341B69C76CD2 A061CF262B9139111C07D100F5C3C144BEAA2D9A93194D547FA &icon=..pdf

Ma, X., Wannaruk, A., & Lei, Z. (2019). Exploring the Relationship Between Learning Motivation and L2 WTC in an EFL Classroom Among Thai EFL Learners. Canadian Center of Science and Education. *English Language Teaching, 12*(7). doi: 10.5539/elt.v12n7p33

Papalas, M. (2013). New Orientations for French Language Learning: Is Synchronous Distance Education a Viable Solution? American Association of Teachers of French. *The French Review,87*(1), 99-111

Pan, Y. C. (2016). Learners' perspectives of factors influencing gains in standardized English test scores. *TEFLIN Journal－A publication on the teaching and learning of English, 27*(1), 63-81.

Ryan, R. M. & Deci, E. L. (2000). Intrinsic and Extrinsic Motivations: Classic Definitions and New Directions. *Contemporary Educational Psychology 25*, 54-67. doi:10.1006/ceps.1999.1020

Scott, G. A. (2012). GAO Report on Higher Education: Use of New Data Could Help Improve Oversight of Distance Education. Partnership for Peace Consortium of Defense Academies and Security Studies Institutes. *Connections, 12*(1), 65-102

Thompson, G. L. & Nutta, J. (2015). Trying to Reach More Children: Videoconferencing in the Spanish Foreign Language Elementary School Classroom. *Hispania, 98*(1), 94-109. doi:10.1006/ceps.1999.1020

屏東縣地方學的多層次建構與協作：
2023年第三屆屏東學學術研討會議程表

日期：2023年5月26日（五）
地點：國立屏東大學民生校區五育樓4F「國際會議廳」

08:40～09:10　報　到			
09:10 ｜ **09:20**	**開幕典禮** 陳永森校長（國立屏東大學）致詞 周春米縣長（屏東縣政府）致詞		
09:20 ｜ **10:20**	**主題演講** 題　目：**地方學建構的創新發展** 主講者：黃政傑教授（靜宜大學終身榮譽教授、國立暨南國際大學榮譽 　　　　講座教授、台灣教育研究院社社長） 主持人：簡光明院長（國立屏東大學人文社會學院）		
	論文發表（一）		
	主持人	**發表人**	**講　題**	**特約討論人**
10:20 ｜ **12:00**	王慧蘭 國立屏東大學教育行政研究所副教授兼圖書館館長	陳上權助理教授 吳佩芬副教授 賴文亮教授 大仁科技大學環境與職業安全衛生系	循環有機農業場域建置及其應用於實務專題之學生學習成效評估	黃鼎倫 大仁科技大學社工系教授兼人文暨資訊學院院長

| | 葉晉嘉
國立屏東大學文化創意產業系教授 | 地方學協力治理機制之研究：以文化資產學院為例 | 柯于璋
國立暨南國際大學公共行政與政策學系教授 |
| | 林育諄
國立屏東大學社會發展系副教授 | 共伴學習與地方再現：USR計畫下大學與地方連結的綜效 | 管中祥
國立中正大學傳播學系暨電訊傳播研究所教授 |

12:00～13:30午　餐

論文發表（二）			
主持人	**發表人**	**講　　題**	**特約討論人**
13:30 ｜ 15:10 黃玉枝 國立屏東大學特教系教授兼大武山學院院長	曾喜城 地方文史工作者 曾幃青 高雄市客家母語教師	淺釋《美和村常民誌》的書寫	曾純純 國立屏東科技大學客家文化產業研究所教授兼所長
	周宛俞 國立屏東科技大學景觀暨遊憩管理研究所副教授	跨領域的地方學實踐：屏科大地方創生與永續設計跨領域學分學程	古淑薰 國立屏東大學文化創意產業系副教授兼大武山學院跨領域學程中心主任
	潘怡靜 國立屏東大學應用英語系副教授兼系主任	線上英語輔導對屏偏鄉小學英語學習成效之影響	鍾儀芳 國立屏東科技大學應用外語系副教授兼系主任

		蘇莞筑 臺南市善糖國小英語教師		
		15:00～15:30　茶　敘		
15:30 ｜ 16:50	座談會 主　　題：屏東縣地方學的多層次建構與協作 主持人：李錦旭（屏東大學社會發展系副教授） 與談人： 劉育忠（屏東縣教育處處長） 　　議　　題：屏東縣地方學的多層次建構與協作：從學校本位課程、 　　　　　　　地方本位教育學到地方創生教育學的發展可能 吳明榮（屏東縣文化處處長） 　　議　　題：再造地方歷史建築的風華 利天龍（屏東縣大同高中老師）、張哲維（國立屏東大學體育系碩士生） 　　議　　題：青銀共融：地方學習社群的建構 李秉穆（屏東縣載興國小校長） 　　議　　題：從屏東縣國小校史發展來看鄉土教育之發展			
		16:50～17:00　閉幕典禮		

【議事規則】
1. 論文發表：主持人5分鐘，發表人15分鐘，特約討論人10分鐘，回應3分鐘，綜合討論10分鐘。
2. 座 談 會：主持人5分鐘，與談人15分鐘，綜合討論15分鐘。

學術論文集叢書 1500035

屏東縣地方學的多層次建構與協作
——2023 年第三屆屏東學學術研討會論文集

主　　編　李錦旭

責任編輯　丁筱婷

特約校對　吳昕曈

發 行 人　林慶彰

總 經 理　梁錦興

總 編 輯　張晏瑞

編 輯 所　萬卷樓圖書股份有限公司

　　臺北市羅斯福路二段 41 號 6 樓之 3

　　電話　(02)23216565

　　傳真　(02)23218698

發　　行　萬卷樓圖書股份有限公司

　　臺北市羅斯福路二段 41 號 6 樓之 3

　　電話　(02)23216565

　　傳真　(02)23218698

　　電郵　SERVICE@WANJUAN.COM.TW

香港經銷　香港聯合書刊物流有限公司

　　電話　(852)21502100

　　傳真　(852)23560735

ISBN 978-626-386-040-7

2024 年 2 月初版一刷

定價：新臺幣 300 元

如何購買本書：

1. 轉帳購書，請透過以下帳戶

　　合作金庫銀行　古亭分行

　　戶名：萬卷樓圖書股份有限公司

　　帳號：0877717092596

2. 網路購書，請透過萬卷樓網站

　　網址 WWW.WANJUAN.COM.TW

大量購書，請直接聯繫我們，將有專人為您服務。客服：(02)23216565 分機 610

如有缺頁、破損或裝訂錯誤，請寄回更換

國家圖書館出版品預行編目資料

屏東縣地方學的多層次建構與協作：屏東學學術研討會論文集. 2023 年第三屆/李錦旭主編. --初版. -- 臺北市：萬卷樓圖書股份有限公司, 2024.02

　　面；　公分. -- (學術論文集叢書；1500035)

ISBN 978-626-386-040-7(平裝)

1.CST: 區域研究　2.CST: 文集　3.CST: 屏東縣

733.9/135.07　　　　　　　　113000514